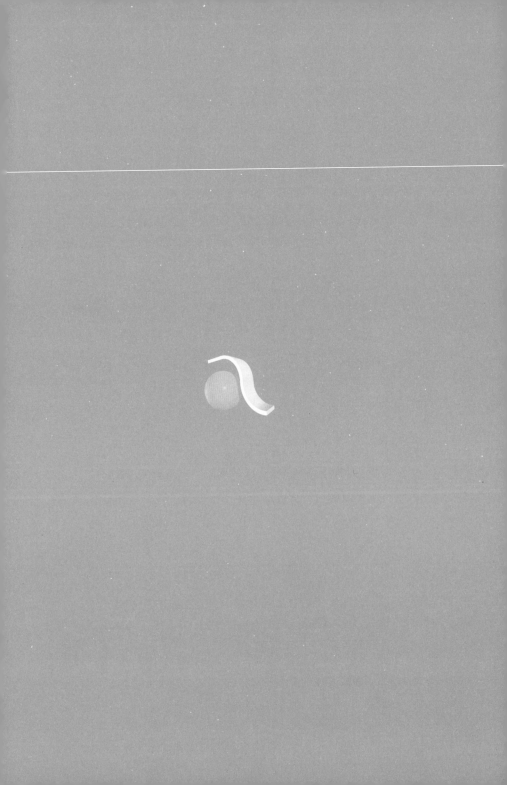

中國歷史上的進退遊戲（最新版）

潛規則

吳思◎著

潛規則vs.大歷史

《萬曆十五年》沒說透的地方

《潛規則》自出版以來，就廣受各界矚目，被視爲黃仁宇《萬曆十五年》以來極富創見的歷史作品，曾獲大陸具有相當影響力的報紙《南方周末》選爲二〇〇一年年度好書，二〇〇八年更光榮入選「三十年三十本書」，該獎是由兩岸三地學者專家共同評選，選出自一九七八年中國大陸改革開放以來，最值得記取的三十部經典好書。《潛規則》長期高居北京、深圳等地暢銷書排行榜，總銷售量迄今近四十萬冊。「潛規則」一詞儼然已是解讀中國歷史，以及了解華人社會文化面貌的一把鑰匙。

北京著名民營書店「萬聖書園」創辦人甘琦曾將本書與《萬曆十五年》相比較，與作者進行了深入的對談。

第一問 黃仁宇的《萬曆十五年》究竟有什麼缺陷？

甘琦：讀了你的《潛規則》，自然聯想到黃仁宇的《萬曆十五年》，因爲你們都熟悉明史，都關注財稅制度，甚至都對同一些人物感興趣，比如萬曆皇帝、張居正、海瑞。還有，你們的寫法都有點怪，說學術不學術，說故事不故事，因此我覺得你可能解答得了我多年來的一個疑問：《萬曆十五年》究竟有什麼缺陷？

吳思：我讀過四遍《萬曆十五年》。一九八六年初讀的時候，只覺得寫得好，說到了要害，而要害究竟何在卻說不出來，但覺汪洋恣肆，猶如神龍見首不見尾。前幾年我終於找到了「潛規則」這個觀察角度，讀史時開始留心那些不明說的規矩，即隱藏在正式規則之下、卻在實際上支配著中國社會運行的規矩。有了這種積累之後再看《萬曆十五年》，就發現黃仁宇繞來繞去一直想說明白卻沒有說明白的，正是這個潛規則。

黃仁宇很清楚，明代社會絕不是按照那些公開宣稱的正式規範運行的，冠冕堂皇的道德法令大體只是說說而已，於是他努力描繪這種情景。至於那個社會到底是按照什麼規則運行的，他卻沒能點透，更沒有對其形成機制進行分析追究。也就是說，黃仁宇確實抓住了要害，卻未能把這個要害揪到亮處、研究透徹。他把水燒到了九十多度，但差一把火沒到沸點。

第二問　按聖賢教導辦事的倒了，不按聖賢教導辦事的也倒了，支配遊戲的規則在哪裡？

甘琦：我知道你說的沸點就是真正支配遊戲的規則。那麼我們就來分析一下那些遊戲。黃仁宇筆下特別有趣的是海瑞和張居正的命運，黃仁宇每講起這些，就像一個故事高手，往往合情合理地講出一個令人吃驚的結局。比如海瑞，一身正氣、刻板教條，結果失敗了；張居正呢，算計深遠、布置精巧、聰明過人、不擇手段，最後也失敗了，都是被人告倒的。按聖賢教導辦事的倒了，不按聖賢教導辦事的也倒了，這到底是爲什麼？是偶然還是必然？是特例還是通則？

吳思：當然是通則。無論是海瑞，還是張居正，他們都觸犯了官場上的潛規則，因此才遭到報應。海瑞嚴格按照正式規定辦事，禁止各種名目的亂收費，自己帶頭拒收「陋規」和「常例」，也停止向上級供奉陋規和常例，這等於剝奪了各級官吏的既得利益。張居正則動用各種正式或非正式手段，逼著帝國的官吏完成稅收任務，擠壓他們的閒暇，也擠壓皇帝的閒暇，督著他們提高效率，又不能提供額外收入。他們二位從不同的方向壓縮了官吏集團的既得利益邊界，破壞了根深蒂固的官場規矩。他們的失敗或倒台，不過是違規者必然要遭遇的懲罰。

其實，黃仁宇已經在故事裡透露出了這些意思，他的問題是沒有點透，使得讀者仍然有不足感，需要問一句：「這到底是爲什麼？是特例還是通則？」我不願意留下這種模糊和不足，就把這類現象單獨拎出來討論，並且給這類可以總結出模式的現象起了名字。譬如〈晏氏轉型〉（第二章），說的是晏子奉命治理東阿，百姓安居樂業時晏子受到齊景公的指責，晏子遂轉變政策，鬧得民不聊生反而受到表揚。問題就出在資訊渠道上，即便百姓利益受損，只要利益分配方式有利於控制資訊渠道的權貴集團，傳上去的就是好話，反之則是壞話。因此事實本身並不重要，重要的是資訊篩選者的偏好。

第二問　為什麼大官怕小吏？合法製造麻煩或為害他人的權力為什麼可以賣大價錢？什麼是「合法傷害權」？

甘琦：你在書中講了一個縣太爺如何斷案的故事。案情稍有模糊，他們就擁有很寬廣的合法選擇空間，可殺可放，可輕可重，「官斷十條路」，怎麼斷怎麼有理。你還轉述了一個張居正講的故事，那個大官賄賂小吏的故事，張居正對此還有精闢總結，說，大官怕小吏，並不是指望從他們手裡撈取好處，而是怕他們禍害自己。總之，你發現合法地製造麻煩或爲害他人的權力是值錢的，也確實不斷地賣著大價錢，於是你給這種權力起了一個名字，叫做「合法傷害權」。

「合法傷害權」是一個能幫助我們洞察隱祕和眞相的詞，借助這個詞，很多難以理解的現象頓時了然。「合法傷害權」威力巨大、成本低廉，人們幾乎可以無中生有、憑空攫取利益；相比之下，造福的權力卻有限得多，離不開實際資源的支撐。因此，「合法傷害權」對社會和歷史的實際運行影響深遠，也是潛規則形成的根據。

吳思：應該說，對暴力的掌控才是最終的根據。合法傷害權不過是對合法暴力的合法應用。各個社會集團，以及各集團內部，就是根據加害能力分肥的，各種資源也是追隨著這種能力流動的，正如你說，造福於人的能力反在其次。馬基維利也是這樣說的，他認爲，施恩能不能得到回報，取決於受益者的良心，而施恩者無法控制受益者的良心；加害者則可以單方面控制局面，因爲加害只須依賴對方的恐懼。任何人都有恐懼，但不是任何人都有良心。

將「合法傷害權」用到平頭百姓身上，其影響和意義最爲驚心動魄。我替上訪告狀的清朝百姓算過幾筆帳，爲了告掉強加在自己身上的亂收費，究竟要冒多大的風險，付出多高的代價，勝算又有幾何？反過來，官吏們敲詐勒索，收取苛捐雜稅，一旦被百姓告倒又有多大風險，多大損失？幾筆帳算下來，結論竟是駭人聽聞的兩句話：當冤大頭是老百姓最合算的選擇，而當貪官汙吏則是官吏最合算的選擇。這不是道德問題，而是利害格局決定的。

這種利害格局又進一步決定了擠進官場的利潤很高，於是我們就看到無法遏止的官僚集團的膨脹。例如朱元璋時代，各縣官、吏的正式編制也就二十來人，充當衙役屬於民間的無償勞役，不過得點伙食補助。但是因爲衙役擁有合法傷害權，反而成了需要鑽營甚至花錢購買的身分，以致衙役的隊伍迅速膨脹，衙役下面還有衙役的助手和臨時工。朱元璋就做過一個統計：松江府有一千三百五十名在官場上鑽營的市井之徒，他們在官場幫閒，一個牢子的名目下邊便有正牢子、小牢子、野牢子、幫虎等許多名色。朱元璋下令清理，一個松江府竟革除小牢子、野牢子等九百餘名。正式規定與實際運行的潛規則眞有天壤之別。如此愈演愈烈，直至十羊九牧，將羊吃到絕種，食肉動物也隨之絕種。

第四問　「合法傷害權」的最大受益者是誰？最大的受害者是誰？

甘琦：看來，合法傷害權的最大受益者是整個官僚集團，連皇帝都算不上，而最大的受害者則是農民集團。如果拿現代工商社會打比方的話，那麼最大的受益者不是老闆而是經理層，而最大的受害者則是消費者群體。

吳思：不錯，忽視官僚集團與農民集團的關係，正是我對《萬曆十五年》整體布局的最大批評。黃仁宇用濃墨重彩描繪了皇帝與官僚集團之間的關係、官僚集團內部的關係，直至文官集團與軍人集團之間的關係，偏偏沒有以專門筆墨描繪官吏集團與農民集團的關係。這就好比描繪山大王們如何大碗喝酒、大塊分肉，如何拜把子排座次，卻不講他們如何剪徑綁票，如何打家劫舍一樣，而那才是決定命運的基本關係。官僚集團內部分肥所分的油水，最終都出自老百姓；張居正和海瑞企圖解決的問題，例如推行一條鞭法等，也是試圖調整官僚集團與百姓的利益關係，不談這個最基本的關係，就像談公司只談內部管理，卻不提市場和消費者一樣。

第五問　從一個公司研究者角度，你怎麼看管理學教授推重的數目字管理？

甘琦：看來你們關心的都是同一個問題，就是公司的命運；所擔憂的癥結卻不同，黃仁宇最擔心的是公司管理，而你最擔心的是公司與市場的關係。相比之下，黃仁宇更像一個管理學教授，而你更像是一個公司研究者。那你怎麼看管理學教授所推重的數目字管理呢？

吳思：我認爲數目字管理不過是說說而已，並不是一個眞問題。如果黃仁宇的數目字管理指的是與工商社會對應的那套技術，在明朝呼喚它或者指望用它來拯救明朝都是天方夜譚。就是說，在明朝的「體」上根本長不出來這種「用」，即便引進了這種「用」，在那個「體」上也活不了。眞正的問題應該是明朝爲什麼不能長入可以產生數目字管理的工商社會。

如果他指的是更加工具化的數目字管理，明朝並不是沒有——田畝計量、戶口統計、離任審計、錢糧徵收都沒有離開過數字，但在處處是潛規則的制度格局中，這些數字不過體現了數字需要者和提供者的意願和利益，它們掩蓋的東西比揭示的還要多。這樣的歷史我們並不陌生。

自序

關於「潛規則」和這本書

「潛規則」這個詞是我杜撰的。我估計每個中國人心裡都明白，明文規定的背後往往隱藏著一套不明說的規矩。我曾想到過一些別的詞，例如灰色規則、內部章程、非正式制度等等，但總覺得不如「潛規則」貼切。

一九八三年，我在《中國農民報》（現在叫《農民日報》）當編輯記者，經常閱讀群眾來信。有一封來信說，河南省開封地區的農業生產資料部門的領導人大量批條子，把國家按計劃分配供應的平價化肥批給了自己的私人關係。他們的「關係」又將平價化肥高價轉賣，轉手之間，關係就生出了暴利。其實這就是後來人們見怪不怪的利用雙軌制牟利問題，當然違反國家的正式規定，只是禁止不住。政府強行壓低化肥的市場價格，憑空製造出一大塊利益，這利益名義上屬於農民，實際上卻掌握在官員手裡，官員們便依照自身的利害關係計算，將這塊利益分了。

當時我剛從大學畢業不到一年，不懂這些道理，見到這等壞事，立刻像唐吉訶德見了風車一樣亢奮起來，在想像中編織出大量的醜惡交易，編排出自己追根尋源、智鬥邪惡、鋤暴安良的英雄故事。我急不可耐地邀了兩位同事下去調查。

使我驚訝的是，那些我以爲應該掩藏起來的類似賊贓的條子，居然都保存完好，就像機關衙門裡的公文檔案，而內部人似乎也沒有見不得人的擔心——你想看嗎？請吧，這有一大摞呢！而且，哪一層可以批出多少「條子肥」、每一層中誰有權力批多少條子、圈子之外的哪個領導的條子有效、哪個領導的條子不靈，這一切都是有規矩的。這些顯然不符合明文規定的事情，內部人竟安之若素，視爲理所當然。

在採訪將近結束的時候，我明白了一個道理，就是中國社會在正式規定的各種制度之外，在種種明文規定的背後，實際存在著一個不成文的又獲得廣泛認可的規矩，一種可以稱爲內部章程的東西。恰恰是這種東西，而不是冠冕堂皇的正式規定，支配著現實生活的運行。

「恰恰是……而不是……」這種句式可能比較偏激，但這麼說至少有局部的事實作爲依據。在政府的正式規定中，供應給農民的幾乎都是平價化肥，它與農民平價交售的棉花和小麥掛著鉤，所以也叫掛鉤肥。而我們採訪小組調查了將近一個月，竟然沒有見到一位承認買到平價化肥的普通農民。從中央到地方的每一級資源控制者都會開出條子，從平價肥當中切出一塊給自己的什麼人。這就好像一條嚴重滲漏的管道，還沒有到達百姓廚房，管道裡的水就被截留乾淨，廚房的水龍頭竟擰不出一點一滴。那麼，滋潤這個社會的究竟是什麼？是正式管道，還是推著水車叫賣的水販子？這不是很明白麼？

後來，我們把這次追蹤報導出來了，當時的影響也不算小，商業部和中紀委還專門發了通知，重申正式制度。幾個月後，商業部和中紀委派聯合調查小組去開封調查處理此事，當我以小組成員的身分跟著下去調查的時候，再次驚訝地發現，條子仍然在批，與我們報導之前毫無區別。這就是說，當地政府和農業生產資料供應部門的上級領導，並沒有把我們報導的現象當問題。他們明明知道了，也不去管——原來他們不管，並不是因爲不知道。官方理論中的領導顯然不應該這樣，這又是一種潛規則。

長話短說。我追蹤此事達數年之久，明白了一個道理：這不是我最初想像的道德善惡問題。我所面對的是大多數人處於一種利害格局中的尋常，或者叫正常的行爲，它是基於大家都可以理解的趨利避害的現實計算。不觸動這種格局，報導或調查通報乃至撤職處分，說好聽點也不過是揚湯止沸，在我的個人經驗中，由於揚湯的勺子太小太少，連止沸也辦不到。後來，眞正解決這個問題的，是化肥供應增加，政府退出，市場放開，現在化肥供求起伏波動，時常過剩，市場的供求規則取代了官場潛規則。

化肥分配規則的演變和我的認識過程至此告一段落。但我隱隱約約地感到，潛規則在中國歷史上源遠流長，追究下去一定會有許多很有意思的發現。

後來，我脫離了官方單位，可以比較自由地支配時間了，便重新揀起了這個念頭，不久就開始讀明史。

我在大學裡讀過《史記》，當時就好像看小說一樣，遇到沒故事的「表」和「志」便跳過去。當了記者後，啃過《漢書》和《後漢書》，完全被亂七八糟的人名和事件淹沒了，感覺昏昏欲睡。我還趕時髦讀過《資治通鑑》，讀到後漢時就痛苦不堪，半途而廢了。出乎意料的是，當我心裡存了個「潛規則」的念頭，再讀起歷史來居然感到津津有味，滿目混沌忽然眉目清楚，我也一發而不可收拾。於是就跟朋友鼓吹讀史心得，又被朋友攛掇著寫下了這些文章，隨寫隨發，漸漸也有了一本小書的篇幅。我明白，不同動物眼中的世界是不一樣的，透過不同眼鏡看到的世界也是不一樣的。這些文章描繪的，就是我戴上潛規則的眼鏡後看到的中國官場及其傳統。

這些隨筆大體都在講「淘汰清官」，解釋清官為何難以像公開宣稱的那樣得志得勢，為何經常遭遇被淘汰的命運，以至青天大老爺竟成為我們民族夢的一部分。「淘汰清官」只是我能排列出來的潛規則之一，在這條規則的上下左右還有許多大大小小的潛規則。回頭看去，這些文章可以在邏輯上分為如下幾類：

（一）官吏與民眾的關係：〈身懷利器〉〈老百姓是個冤大頭〉〈第二等公平〉。

（二）官吏與上司和皇帝的關係：〈當貪官的理由〉〈惡政是一面篩子〉〈皇上也是冤大頭〉〈正義的邊界總要老〉。

（三）官場內部關係：〈擺平違規者〉〈論資排輩也是好東西〉。

（四）民眾內部的隱祕關係：〈出售英雄〉。

（五）幾種關係的綜合：〈新官墮落定律〉〈晏氏轉型〉。

（六）總結：〈崇禎死彎〉。

我努力把文章寫得好看，但是本書後記〈中國通史的一種讀法〉卻有些沉重。我在那裡描繪了目力所及的中國歷史最深遠處的景色，事涉玄遠，筆筆吃力，卻足以統攝全書。

吳思

目錄

前言
潛規則的定義

《潛規則》一書出版後，有朋友向我追問潛規則的定義，我一直推說書裡有。書中確實有兩處類似定義的段落，儘管有點糊弄事。當然糊弄事也未必不好，「潛規則」本來就是對一種大家並不陌生的社會現象的提示，這個詞可以喚醒各種各樣的個人知識，啓發有心人繼續探索，如果給出一個定義倒有僵化之虞。定義不過是一塊墊腳石，彼岸莽莽社會叢林中的眞實生態，才是眞正要緊的關注對象。

不過，想通了這一點，給出定義倒又無妨了。下邊姑且說說潛規則的定義。

（一）潛規則是人們私下認可的行爲約束；

（二）這種行爲約束，依據當事各方的造福或加害能力，在具體的社會互動中自發生成，可以使互動各方的衝突減少，交易成本降低；

（三）所謂約束，就是行爲越界必將招致報復，對這種利害後果的共識，強化了互動各方對彼此行爲的穩定預期；

（四）這種在實際上得到遵從的規矩，背離了正義觀念或正式制度的規定，侵犯了主流意識形態或正式制度所代表的利益，因此不得不以隱蔽的形式存在，當事人對隱蔽形式本身也有明確的認可；

（五）通過這種隱蔽，當事人將正式規則的利益代理人遮罩於局部互動之外，或者，將代理人拉入私下交易之中，憑藉這種私下的規則替換，獲取正式規則所不能提供的利益。

我想再強調一句。在潛規則的生成過程中，當事人實際上並不是兩方，而是三方：交易雙方再加上更高層次的正式制度代表。雙方進行私下交易的時候確實是兩個主體，但是，當他們隱蔽這種交易的時候，就變成以正式制度爲對手的一個聯盟。隱蔽本身就是一種策略，這種策略的存在，反映了更高層次的正式制度代表的存在。

沒有感性基礎的定義難免晦澀，書中的故事看多了，這些話就會顯得簡單了。

01 新官墮落定律

新官第一次是接受聖賢的教育，第二次則是接受胥吏衙役和人間大學的教育。第一次教育教了官員們滿口仁義道德，第二次教育教了他們一肚子男盜女娼。

皇上的發現

朱元璋是明朝的開國皇帝，他討過飯，打過仗，從一個馬弁幹起，最後得了天下，對人情世故的了解相當透徹。他當然明白自己給官員定的工資不高，所以，在地方官上任之前，他經常要找他們談一次話，講講如何正確對待低工資，如何抵抗貪汙受賄的誘惑。他會給自己的部下算一筆很實在的利害關係帳。

朱元璋說：

老老實實地守著自己的薪俸過日子，就好像守著井底之泉。井雖然不滿，卻可以每天汲水，泉不會乾。受賄得來的外財眞有益處麼？你搜刮民財，鬧得民怨沸騰，再高明的密謀也隱瞞不住，一旦事發，首先關在監獄裡受刑，判決之後再送到勞改工場服苦役，這時候你那些贓款在什麼地方？在數千里之外呢。你的妻子兒女可能收存了，也可能根本就沒有。那些贓物多數藏在外人手裡。這時候你想用錢，能到手嗎？你家破人亡了，贓物也成了別人的東西。所以說，不乾淨的錢毫無益處。❶

朱元璋畫像

流傳至今的朱元璋畫像至少有六種，這張故宮藏畫最堂皇，卻未必最真切。根據其他畫像和文字的描繪，朱元璋的下巴如鏟子一般大而外翹。

這樣的利害分析也算得透徹了，但實際上並沒有起到多大作用。派下去的官員，如同冒著槍林彈雨衝鋒的戰士，一排排地被糖衣炮彈擊中倒下。前赴後繼，一浪接著一浪，一代跟著一代。後來，朱元璋當皇帝當到第十八個年頭（一三八六年），這種現象見得多了，便總結出了一條規律。

朱元璋說：

我效法古人任命官員，將他們派往全國各地，沒想到剛剛提拔任用的時候，這些人既忠誠又堅持原則，可是讓他當官當久了，全都又奸又貪。我嚴格執法，絕不輕饒，結果，能善始善終幹到底的人很少，身死家破的很多。❷

請留意中間那一句話：「沒想到剛剛提拔任用的時候，這些人既忠誠又堅持原則，可是讓他當官當久了，全都又奸又貪。」這就是新官墮落定律。「全都」云云肯定是絕對化了，但在統計學的意義上，這條定律大概眞能站住腳。仔細分析起來，朱元璋發現的這條規律，背後大有道理。

衙役的祕傳

科舉制實行之後，官僚大體是讀書人。他們讀了十幾年聖賢書，滿腦袋都是理論上的人際關係，如忠君愛民、長幼有序、朋友有信之類，書生氣十足，教條主義傾向嚴重，未必明白建立在利害算計之上的眞實的人間關係。這種關係，聖賢們不願意講，胥吏和衙役的心裡卻清楚得很。《紅樓夢》第四回便詳細描寫了一個衙役向新官傳授潛規則的故事，這段描寫堪稱經典。毛澤東主席把《紅樓夢》看作那個社會的百科全書，就以這一回爲全書的總綱。因此我不避囉嗦，轉述幾段。

卻說賈雨村走了賈府的後門，當上南京知府，一下馬就受理了一件人命案。當地名門望族子弟薛蟠，打死小業主馮淵，搶了個丫頭，然後揚長而去，受害一方告了一年多也告不下來。賈雨村聽說，登時大怒道：「豈有這樣放屁的事！打死人命就白白的走了，再拿不來的！」說著就要發簽，派人去抓。這時他看見旁邊一個門子向他使眼色。

進了後邊的密室，門子和賈雨村有幾段精采的對話。門子問：「老爺既榮任到這一省，難道就沒抄一張本省『護官符』來不成？」雨村忙問：「何爲『護官符』？我竟不知。」門子道：「這還了得！連這個不知，怎能作得長遠！如今凡作地方官者，皆有一個私單，上面寫的是本省最有權有勢、極富極貴的大鄉紳名姓，各省皆然；倘若不知，一時觸犯了這樣的人家，不但官爵，只怕連性命還保不成呢！」說著拿出一張抄好的護官符來，上邊就有薛家。

賈雨村問門子此案該如何處理，門子說，薛家和幫助你當上知府的賈家是親戚，何不作個人情，日後也好去見賈府的人。賈雨村道：「你說的何嘗不是。但事關人命，蒙皇上隆恩，起復委用，實是重生再造，正當殫心竭力圖報之時，豈可因私而廢法？」門子聽了，冷笑道：

「老爺說的何嘗不是大道理，但只是如今世上是行不去的。豈不聞古人有云：『大丈夫相時而動』，又曰：『趨吉避凶者爲君子』。依老爺這一說，不但不能報效朝廷，亦自身不保。還要三思爲妥。」

賈雨村低了半日頭，最後嘴裡說著不妥，還要再研究研究，實際上完全遵循門子的建議，很巧妙地解脫了薛蟠。

曹雪芹卒於一七六四年，與朱元璋相隔約四百年，但是這個世界並沒有多少變化。洪武十九年（一三八七年），朱元璋曾經寫道：建國以來，浙東、浙西、廣東、廣西、江西和福建的政府官員，沒有一個人幹到任滿，往往還未到任期考核的時間，就犯了贓貪之罪。這裡確有任人不當的問題，但在更大的程度上，這些官員是被當地那些胥吏衙役和不務四業（士農工商爲四業）之徒害了，是受了他們的影響、勸說和引誘❸。因此，當年朱元璋與上任的官員談話，總要警告他們當心那些胥吏，不要讓胥吏支配決策❹。看看賈雨村的實際經歷，朱元璋的預防針確實對症下藥，那些胥吏和衙役果眞在勸誘官員們學壞。他們跟新官算利害關係帳，同樣算得清晰透徹，只是與朱元璋的結論完全相反：要堅持原則嗎？不但不能報效朝廷，自身也難保。輕則丟官爵，弄不好還會丟性命。您可要三思。

土豪的教育

新官上任，還會碰到一個不請自來的教師，這就是土豪。在這裡，土豪是一個比地主富農更恰當的名詞。他們有可能是地主富農，也可能是商人，但絕對不是老實膽小的土財主。他們甚至可能沒有正經職業，以欺行霸市或坑矇拐騙爲生，即朱元璋所說的那些把官員教壞的不務四業之徒。在《水滸傳》對西門慶、鎮關西、祝家莊等的描繪中，我們都可以看到土豪的身影。這些人是地頭蛇式的強者，在當地苦心經營多年，已經建立起一個有利於自己的利益分配格局，他們很願意把新官拉下水，教他們適應並且保護這種格局。

《明史》中描繪了兩個不肯好好學習適應的新官的遭遇。

有一個叫徐均的人，洪武年間在廣東當陽春縣主簿，這個官類似現在的縣政府祕書長。陽春地方偏僻，土豪盤踞爲奸，每有新官上任，就以厚賂拉攏腐蝕，最後也總能把持控制，政府就像他們自己家開的一樣。徐均剛到陽春，一個吏便向他提建議，說他應該主動去看看莫大老。莫大老就是一個土豪。也不知道徐均是不懂還是不吃這一套，他問：難道這傢伙不是皇上的臣民嗎？他不來，我殺了他。說著還拿出了自己的雙劍給那位吏看。

莫大老聽了那位吏的通風報信，害怕了，就主動去拜謁徐均。徐均調查了解了一番，掌握了他的違法勾當，將其逮捕下獄。莫大老或許認爲這是一種敲詐手段，就很知趣地送給徐均兩個瓜、數枚安石榴，裡邊塞滿了黃金美珠。徐均根本就不看，給他帶上刑具，徑直押送至府。

沒想到府裡的官員也被買通，將莫大老放回家了。面對強權，莫大老的脾氣很好，再一次給徐均送上那些裝滿金珠的瓜果。徐均再次大怒，打算再將其逮捕法辦。在這關鍵時刻，府裡來函將徐均調離，到陽江縣任職去了。❺

徐均眞是清官。假如他不聲不響地收下瓜果，難道眞會像朱元璋說的那樣被送進勞改工場嗎？根據史書上的記載判斷，他的前任都被拉攏腐蝕了，結果並沒什麼事。他在府裡的上司也被拉攏腐蝕了，並且動作很大地放莫大老回家，結果還是沒事。收幾個瓜果又能有什麼事？倒是不收瓜果的徐均遇到了麻煩。可見門子算的帳很正確：不但不能報效朝廷，自身也難保；而朱元璋算的帳顯然有問題，下獄和苦役云云，多半是嚇唬人的。

武松醉打蔣門神

土豪苦心經營多年，已經在當地建立起一個有利於自己的利益分配格局。

也是在明朝的洪武年間，蒙古族的道同出任廣東省番禺縣知縣。知縣號稱一縣父母，爲當地最高行政首腦，但是還有他管轄之外的權力系統，這就是軍隊和貴族。

坐鎮番禺的是永嘉侯朱亮祖。朱亮祖是打江山的開國元勳，征討殺伐立過大功。《明史》上說，朱亮祖勇悍善戰而不知學，辦事經常違法亂紀。而道同偏偏是一個執法甚嚴的清官，沒有道理的事情，不管來頭多大，堅決頂住不辦。

當地的土豪數十人，經常在市場上幹一些巧取豪奪的勾當，以低價強買珍貴的貨物。稍不如意，就變著法地栽贓陷害。道同嚴格執法，打擊這些市霸，將他們當中的頭頭逮捕，押在街頭戴枷示眾。於是鬥法開始。

這些土豪明白，道同這傢伙不好教育，便爭相賄賂朱亮祖，求他出面說句話。應該說，土豪這樣做是很合理的。賄賂既是必要的買命錢，同時也是一種投資。有了永嘉侯撐腰，將來誰還敢惹？如果沒人敢惹，這個市場就是他們的金飯碗，永遠衣食不愁。

朱亮祖果然被土豪們勾引教壞了。他擺下酒席，請道同吃飯，席間點了幾句，爲土豪頭子說情。侯的地位在一品官之上，是道同的上級的上級的上級。應該說，以他的身分出面請客，算是很抬舉道同這個七品芝麻官了。可是道同偏偏不識抬舉。他厲聲道：「公是大臣，怎麼竟然受小人役使呢？」永嘉侯壓不服他。朱亮祖也不再跟他廢話，乾脆就派人把枷毀了，將街頭示眾的土豪頭子放了。這還不算完，隨後又尋了個差錯，抽了道同一頓鞭子。

有一位姓羅的富人，不知道算不算土豪，巴結朱亮祖，把女兒送給了他。這姑娘的兄弟有了靠山，便幹了許多違法的事，如同土豪。道同又依法懲治，朱亮祖又將人奪走。

道同實在氣不過，便將朱亮祖的這些事一條條地寫下來，上奏朱元璋。朱亮祖惡人先告狀，劾奏道同傲慢無禮。朱元璋先看到朱亮祖的奏摺，便遣使去番禺殺道同。這時候道同的奏摺也到了，朱元璋一看，明白是怎麼回事了。他想，道同這麼一個小官，敢頂撞大臣，告他的狀，這人梗直可用。於是又遣使赦免道同。兩位使者同一天到達番禺，赦免的使者剛到，道同也剛被砍掉腦袋。於是，門子的預言再一次應驗：「不但官爵，只怕連性命還保不成呢！」不屑於接受再教育的清官道同，終於付出了生命的代價。

在一般情況下，這事到此也就算完了。爲非作歹的王侯比比皆是，遵紀守法的卻如同鳳毛麟角。即使朱亮祖直截了當，擅自將道同收拾了，只要他給道同按上適當的罪名，也算不得什麼大不了的事，但是碰到開國之君朱元璋，這事就不能算完。朱元璋吏治之嚴，堪稱空前絕後。殺人只憑一時興起，這一點我們已經在道同的下場中看到了。此外還愛發脾氣，激烈且毫無寬容。第二年九月，朱元璋召朱亮祖到京，將朱亮祖和他兒子一起活活用鞭子抽死，然後親自爲他寫了墓誌，以侯禮下葬。兩種規則的鬥法至此告一段落。❻

接受再教育

我沒有仔細計算，不清楚明朝初期貪贓枉法者被揭發處罰的概率有多少。在閱讀時得到的印象是：離朱元璋越近，被揭發處罰的概率越高；而不歸朱元璋直接管的小官，被揭發處罰的概率則逐級下降。也就是說，在省部級官員這一層，朱元璋算的帳比較有說服力；而到了縣處級，門子算的帳更有說服力。朱元璋懲治貪官的手段極其酷烈，大規模地砍頭剝皮截肢剜膝蓋，製造了大量冤假錯案，也懲辦了大量貪官汙吏。血洗之下，洪武年間的官場乃是整個明朝最乾淨的官場。不過即使在最乾淨的時候，仍有大批高級官員不認朱元璋的帳，例如朱亮祖。我估計，在這批靠造反起家的高級官員之中，風險偏好型投資者的比例一定很高，很不容易管理。

朱元璋死後，管帳的大老闆不那麼能幹或不那麼上心了，下手也不如太祖那般兇狠了，朱元璋的那套演算法便越發不對路了。不過，他發現的新官墮落定律卻越發靈驗了。

明朝制度規定，官員不許在本鄉本土當官，怕他們受人情的影響，不能堅持原則，但胥吏和衙役們一定是土生土長的本地人。土豪們就更不必說，他們熟悉當地的語言和風土人情，有一張親戚朋友熟人織成的關係網，盤根錯節，資訊靈通，熟悉各種慣例，並且依靠這些慣例謀生獲利。那些聖賢書上不講的潛規則，正是通過這些人繼承並傳播的。他們是活的教科書。在他們的言傳身教和熱心輔導之下，官員們學習的時間大大縮短，學費大幅度下降，許多摸著石頭過河的麻煩都可以省去了。這便是朱元璋的「新官墮落定律」的實現過程。

所謂墮落，當然是從聖賢要求的標準看。如果換成新官適應社會和熟悉業務的角度，我們看到的則是一個重新學習和迅速進步的過程，一個接受再教育的過程。第一次是接受聖賢的教育，第二次則是接受胥吏衙役和人間大學的教育。第一次教育教了官員們滿口仁義道德，第二次教育教了他們一肚子男盜女娼。

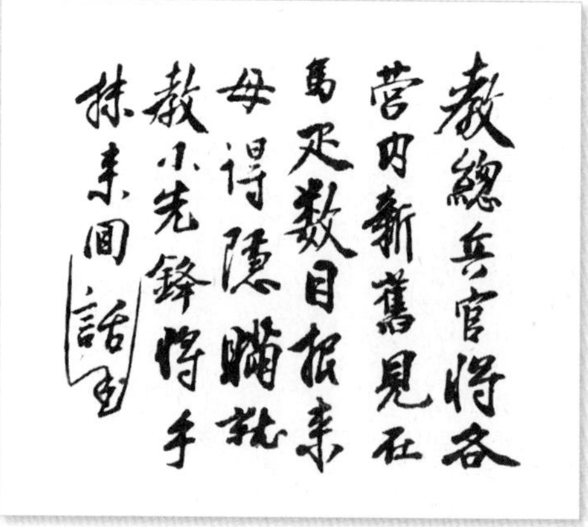

朱元璋手跡

據筆跡專家分析，朱元璋的字結構緊湊，筆劃果斷剛硬，顯示出冷酷、堅定、偏狹、認真和野心極大的個性。

注釋

❶朱元璋：《大誥・諭官之任第五》。

❷參見《明朝小史》卷二。原文是：「朕自即位以來，法古命官，布列華夷，豈期擢用之時，並效忠貞，任用既久，俱系奸貪。朕乃明以憲章，而刑責有不可恕。以至內外官僚，守職維艱，善能終是者寡，身家誅戮者多。」

❸朱元璋：《大誥續編・松江逸民爲害第二》。

❹朱元璋：《大誥・諭官之任第五》。

❺參見《明史》卷一四〇。

❻參見《明史》卷一三二、一四〇。

02 晏氏轉型

苛政是公認的壞政，仁政是公認的好政；難題在於，仁政總是面臨著巨大的壓力，好像水往低處流一樣，按捺不住地轉變為苛政。

可供選擇的兩套政策

《晏子春秋．外篇第七》中記載了一段晏子改規則的故事。晏子（名嬰，卒於西元前五〇〇年）是與孔子同時代的齊國賢臣，年齡大概相當於孔子的父輩。他生活的那個時代，正是為後世建立種種基本規則的所謂軸心時代，他的故事也蘊涵了這類規則問題。

故事說，齊景公派晏子去東阿當領導，在晏子領導東阿的第三年，齊景公把他召回來訓斥了一頓。齊景公說：「我還以為你挺有本事呢，派你去治理東阿。現在你竟把東阿給我搞亂了。你回去好好反省反省吧，寡人要狠狠處理你。」晏子的態度極好，立刻表示改正，他說：「請允許我改弦更張，換一個辦法治理東阿。如果三年治理不好，我情願以死謝罪。」齊景公同意了。

第二年，在晏子上來彙報稅收工作的時候，齊景公迎上前去，祝賀道：「好極了！你治理東阿很有成績嘛！」

晏子回答說：「從前我治理東阿，後門全部關死，賄賂根本就沒有，池塘裡的魚都造福窮人了，那時候老百姓沒有挨餓的，而您反而要治我的罪。後來我治理東阿，大走後門，大行賄賂，加重老百姓的稅賦，搜刮來的財富不入國庫，都孝敬您左右的人了，池塘裡的魚也都游入權貴之

晏子像

晏嬰，字平仲，春秋時的齊國正卿，執政五十餘年。後人將其言行編成《晏子春秋》。

家，現在東阿的老百姓有一半在挨餓，您反而迎上來祝賀我。我這人傻，治理不了東阿。請您准許我退休，給賢能的人讓位。」說著連連磕頭，請求退職還鄉。齊景公聽了，從座位上走下來道歉說：「請你一定要勉力治理東阿。東阿是你的東阿，我不再干涉了。」

分析這個故事，我們至少可以發現三個要點。第一，晏子初期不媚上不欺下，實行了一套合乎仁義道德的政策；第二，晏子後期欺下媚上，實行了一套竭澤而漁的政策，這是只做不說的潛規則；第三，合乎仁義道德的政策頂不住巨大的壓力，被迫向潛規則轉變。這三個要點構成了一個堪稱經典的制度變遷模型。讀讀中國歷史，這類制度變遷總是在人們的眼前晃來晃去，似乎生怕大家不認識它。爲了識別方便，我們乾脆給它起個名字，叫做「晏氏轉型」。

在晏氏轉型的前型中，老百姓也要納稅，但是還不至於被剝奪到挨餓的程度。在晏氏轉型的後型中，老百姓的賦稅大大加重了，一半的人在挨餓，繼續下去，恐怕納稅人口將銳減。我們可以把這種關係想像爲那條傳說中的食物鏈：「大魚吃小魚，小魚吃蝦米，蝦米吃淤泥」。老百姓是蝦米，靠泥土中的微生物生活；縣太爺之流的小官是小魚，靠百姓生活；權貴以及權貴左右的助手是大魚，靠勒索小官生活。蝦米的生長繁殖速度是固定的，只要吃的數量適當，別超過蝦米的生長繁殖速度，這就是合理的。孟子所謂「無君子莫治野人，無野人莫養君子」、「治於人者食（音飼，餵養之意）人，治人者食於人」，就包含了這個意思。領導當然是應該吃蝦米的，但是要有規矩。例如皇上一頓可以吃多少，皇后一天可以吃多少，縣太爺一個月可以吃多少，都有一個規定，不能過分，不能竭澤而漁，不能讓人家拚命生長繁殖還供不上你吃。如果吃的份量恰當，就是仁政，譬如晏子前型；如果吃得過分，像晏子後型那樣，就是苛政。苛政猛於虎，吃人可以不吐骨頭。苛政越過了界限，蝦米的種群被吃得急劇縮小，大大小小的魚類沒了食物，最後誰都活不下去。所以，苛政是公認的壞政，仁政是公認的好政；難題在於，仁政總是面臨著巨大的壓力，好像水往低處流一樣，按捺不住地轉變為苛政。

三邪與二讒的力量

在《晏子春秋》這本書裡，晏子治東阿的故事先後講述了兩遍，上面引用的那個版本是在「外篇」裡講的，還有一個版本是在「內篇」裡講的。在內篇的版本裡，晏子刮窮了百姓，餵足了權貴之後，齊景公將晏子召回嘉獎，同時還讓晏子介紹一下經驗——你是如何取得如此巨大成績的。於是晏子向齊景公分析了前後兩種政策所涉及的利益集團及其利害關係。聽聽這位賢人的分析，我們可以找到仁政墮落為苛政的壓力來源，領會晏氏轉型的動力機制。

晏子對齊景公說：過去我治理東阿，堵住小路，關緊後門，邪民很不高興；我獎勵勤儉孝弟的人，懲罰小偷壞人，懶民很不高興；我斷案不偏袒豪強，豪強很不高興；您左右的人求我辦事，合法我就辦，不合法就拒絕，您的左右很不高興；我侍奉權貴不超過禮的規定，權貴們也不高興。邪民、懶民、豪強這三邪在外邊說我的壞話，您的左右和權貴這二讒在裡邊進我的讒言，三年內壞話就灌滿了您的耳朵。

晏子接著說：後來我小心地改變了政策，不堵小路，不關後門，邪民很高興；不獎勵勤儉孝弟的人，不懲罰小偷壞人，懶民很高興；斷案時討好豪強，豪強們很高興；您的左右求我辦事，我一概答應，您的左右很高興；侍奉權貴超出了禮的規定，權貴們很高興。於是三邪在外邊說我的好話，二讒在裡邊也說我的好話，三年內好話就灌滿了您的耳朵。其實，我過去招致指責的行爲才是應該獎賞的，我現在招致獎賞的行爲正是應該懲罰的。所以，您的獎賞我不敢接受。

晏子把討厭正式規則和喜歡潛規則的人分成了兩類，用現在的話說就是兩大利益集團：一個是民間的「三邪」，另一個是統治集團內部的「二讒」。這兩類人的利益所在決定了他們的好惡，而他們的好惡關係非常重大。

統治集團內部的人，控制著通向以暴力組織爲後盾的最高權力的資訊渠道，他們是齊景公的耳目。晏子實際上幹得如何並不要緊，要緊的是資訊渠道中傳上去的是惡言還是美言，在正常情況下，他本人的命運便是由此決定的。作爲資訊通道的把關人，二讒在晏子面前碰壁，願望沒有得到滿足，預期中的利益未能實現，積攢了滿腔怨恨，自然不肯傳達有利於晏子的好話，也不肯攔截詆毀晏子的壞話。如果實在聽不到什麼壞話，我想，只要有機會，他們一定也願意編造出一些謠言。更何況民間還有三邪存在，不愁聽不到壞話。

民間的三邪，是有能力也有願望與二讒勾搭的人，二讒接觸的幾乎都是這些人。二讒吃他們的，拿他們的，聽他們的，在資訊通道中傳遞他們的意見。因此他們在政界的嗓門格外大，就好像現代政治中強勢的「院外活動集團」。晏子得罪了這個集團，自然要成爲他們遊說攻擊的目標。

老百姓並不難欺負

那麼，從正式規則中受益，在潛規則中受損的普通老百姓呢？他們自然是支持晏子的，可惜，他們的力量太弱，聲音太小。他們的讚賞不能使晏子升官，而三邪二讒卻可以；他們挨餓並不能讓晏子丟官，而三邪二讒卻能夠。這些老百姓，按照馬克思的比喻，就好像是一麻袋毫無組織的土豆。而缺乏組織的土豆，一麻袋也好，一火車也好，在土豆們進行利害計算的時候，損益得失無異於一個土豆，並不像通常想像的那樣是所有的土豆之和。零散的土豆無力保護自己的利益，需要高高在上的皇帝代表他們，賜予他們雨露陽光。

按照馬基維利的分析，這些土豆不僅能力不足，熱情也不夠。在晏子建立的理想秩序中獲利的老百姓，只是一些無精打采的支持者。他們怕三邪二讒，也不相信理想的秩序能夠推行到底；相反，三邪二讒卻熱情十足，利用每一個機會向晏子進攻。當然，我們也不好抱怨老百姓不夠意思，說他們膽小怕事。如果把晏氏轉型中的所得所失分攤到每一個老百姓的頭上，在每次轉變造成的新增得失中，每個人確實攤不上多少，他們犯不上爲這一點東西冒險招惹政府官員；而分攤到三邪二讒的頭上，每個人得失的份額都足夠多，足以激起大家高昂的熱情。總之，老百姓不如三邪二讒的政治熱情高昂，這是有數學計算上的根據的。

雙方的熱情和影響力的差距如此巨大，從趨利避害的角度看，行政官員何去何從已經命中注定了。

我還要再補充一句：晏子在分析中忽略了他本人和他的同事們的物質利益。難道他這個級別的官員就不愛吃魚蝦麼？難道只有三邪二讒的嘴饞麼？當然晏子本人很廉潔，而且他生活的那個時代比較早，中華帝國尚未建立，大量官吏衙役的職位還沒有發育成熟，食物鏈還比較簡單。不過，二千多年之後回頭再看，我們就必須補充上這一點：包括晏子本人在內的官僚集團也是可以從晏氏轉型中獲益的。他們可以參與分肥，可以多吃幾口蝦米。在三邪二讒之上再加上這塊砝碼，理想秩序向潛規則墜落的速度將愈發勢不可擋。

讓我們在想像中變成這塊砝碼，從個人在官場中生存和發展的策略的角度，設身處地驗證一下這個說法。

最開始，我們遵守仁義道德，不欺下不媚上，努力當好父母官。這是理想中的爲官之道，是冠冕堂皇的官場進步策略，在歷朝歷代的官場上確實也可以找到這樣的清官。可是我們在抵抗墮落的誘惑，努力當一個忠君愛民的好官的時候，竟然受到了來自上邊和下邊的強大壓力。我們發現，原來上邊是很想讓我們媚的，誘導我

春耕圖

小農的政治熱情不高，背後有數學計算上的根據。他們犯不上招惹政府官員。

們媚，暗示我們媚，強迫我們媚，不媚就有禍。而媚上就要上貢，就要貢魚貢蝦，這就難免欺負下邊，讓魚蝦們倒點楣。出乎意料的是，下邊也很願意我們欺負，蝦群中的積極分子會主動協助我們欺負，把他們的鄰居加工好，送貨上門，並不用我們太費心。如此容易地「欺下」之後，我們又進一步認識到，原來老百姓並不難欺負，欺負了他們幾次，他們也沒什麼辦法。那麼我們如何是好？是放棄仁義道德，轉而採取欺下媚上的官場生存策略呢，還是明知山有虎偏向虎山行，硬要跟領導和群眾對著幹呢？

從利害關係的角度看，對抗當然是要倒楣的，聽話才有出路，自己也可以跟著沾點光；但是從道德是非的角度看，欺下媚上畢竟有點不對勁。怎麼辦？這是每個官員都躲不開的實際問題，也是一個可以逼迫大多數人顯現原形的問題。如果碰上思想不那麼純潔，立場不那麼堅定的人，恐怕就會冒出這樣的念頭：我對抗領導，然後丟掉飯碗，眞能起到什麼好作用麼？白白犧牲了自己，換上來一個新的，說不定一點良心也沒有，欺壓老百姓更加殘酷，還不如我呢。爲了減輕東阿人民的損失，我要堅守崗位，多跟領導合作，少搞對抗——如此一想，良心竟然被我們糊弄平整了，我們也就可以坦然地媚上欺下了。這種官場生存策略的轉變正好與晏氏轉型相對應。

晏子畢竟不是等閒之輩，他聰明過人，路子也過人。晏子拒絕正面回答問題，避開了尖銳的選擇及其政治風險和良心負擔。他利用最高領導親自聽取彙報的機會，把不同的選擇方案及其後果擺到了領導本人面前，請領導替他做主。最高領導傾聽之後，親筆批示：特准晏子在官場上遵守仁義道德，不媚上不欺下。欽此。

03 身懷利器

合法地禍害別人的能力，乃是官吏們的看家本領。這是一門真正的藝術，種種資源和財富正要據此分配並重新調整。

低成本加害能力

張居正大概是明朝最能幹的大臣了。他深知官場上的種種弊端和權謀，圓熟地遊刃其間，居然憑一己之力完成了明朝的中興大業。如此高明的先生講述大官怕小吏的官場故事，必定大有深意，不可不聽。

張居正說，軍隊將校升官，論功行賞，取決於首級，一顆一級，規定得清清楚楚。從前有個兵部（國防部）的小吏，故意把報告上的一字洗去，再塡上一字，然後拿著報告讓兵部的官員看，說字有塗改，按規定必須嚴查。等到將校們的賄賂上來了，這位小吏又說，字雖然有塗改，仔細檢查貼黃，發現原是一字，並無作弊。於是兵部官員也就不再追究。張居正問道：將校們是升是降，權力全在這個小吏的手裡，你不賄賂他行嗎？

這個故事有個時代背景：當時將校們很少有不冒功的。號稱斬首多少多少，其中多有假冒。追究起來，他們砍下來的很可能是當地老百姓的腦袋，所謂濫殺無辜。如果沒人叫眞，這些腦袋就是戰功，大家升官發財，萬事大吉；如果有人叫眞，這些腦袋就可能成爲罪證，這幫將校罪過不小。所以，將校的命運確實在相當大的程度上掌握在那位小吏的手裡，儘管他的官未必及得上人家手下的一個排長。

張居正總結說：人們怕那些吏，一定要賄賂那些

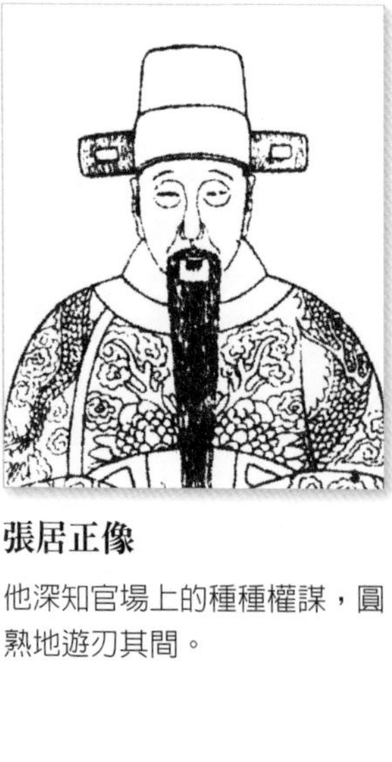

張居正像

他深知官場上的種種權謀，圓熟地遊刃其間。

吏，並不是指望從他們手裡撈點好處，而是怕他們禍害自己❶。

合法地禍害別人的能力，乃是官吏們的看家本領。這是一門眞正的藝術，種種資源和財富正要據此分配並重新調整。

明朝小說《二刻拍案驚奇》卷二十，就講了一個縣太爺運用這種藝術剝刮財主的故事。故事說，武進縣一位叫陳定的富戶，有一妻一妾。妻姓巢，妾姓丁，兩個人鬧氣，巢氏嘔氣生病死了。鄰里幾個平日看著他家眼紅的好事之徒，便攛掇死者的兄弟告官，宣稱人死得不明不白，要敲陳定一筆。死者的兄弟很樂意跟著敲一筆，便和那幾個潑皮講好了，由他們出面，他躲在暗處作手腳，敲出錢來對半分。

故事說：

> 武進縣知縣是個貪夫。其時正有個鄉親在這裡打抽豐，未得打發。見這張首狀是關著人命，且曉得陳定名字，是個富家，要在他身上設處些，打發鄉親起身。立時准狀，僉牌來拿陳定到官，不由分說，監在獄中。

請注意這裡的選擇空間：首先，這狀子是可准可不准的；其次，准了之後拿來問訊，對陳定的申辯也是可聽可不聽的。在這兩個具有合法選擇空間的關口，那位知縣全選擇了最具傷害性的一頭：「立時准狀、不由分說」，而且誰也不能說他這樣做出了格。我是法學方面的外行，不知道應該如何稱呼這種合法傷害別人的選擇權，姑且稱之爲「合法傷害權」。

卻說陳定入了獄，趕緊託人把妻弟請來，讓他各方打點。破費了幾百兩銀子，各方都打點到了，特別是縣太爺的那位打秋風的老鄉滿意了，替陳定說了好話，果然就放了陳定。這次釋放更充分地體現了「合法傷害權」或者倒過來叫「合法恩惠權」的橡皮筋一般的特性。

沒想到那位妻弟嫌自己賺得不足，又追上了那位知縣的老鄉，把賄賂他的四十兩銀子強討了回來。四十兩銀子折算爲現在的新台幣，少說一兩萬，多說七八萬，顯然也值得一追了。奈何他低估了合法傷害權的伸縮性。知縣聽說此事後，勃然大怒，出牌重新問案，並且以「私和人命」的罪狀捎上了陳定的妻弟。該妻弟立刻出逃。

故事說，陳定和妾丁氏被重新拿到官後，「不由分說，先是一頓狠打，發下監中。」然後下令挖墓驗屍，要查查那位亡妻的死因。同時召集當地各方人等，一邊驗屍，一邊調查了解情況。「知縣是有了成心的，只要從重坐罪，先吩咐仵作（法醫）報傷要重。仵作揣摩了意旨，將無作有，多報的是拳毆腳踢致命傷痕。巢氏幼時喜吃甜物，面前的牙齒落了一個，也做了硬物打落之傷。竟把陳定問了鬥毆殺人

明本《二刻拍案驚奇》插圖

官員在斷案時有多種選擇，因此就可以合法地害人。合法地禍害別人的能力，乃是官吏們的看家本領。這是一門真正的藝術，種種資源和財富正是據此分配並重新調整。

之律，妾丁氏威逼期親尊長致死之律，各問絞罪。陳定央了幾個分上來說，只是不聽。」

這案子本來已經算完了，如今，知縣要報復，竟可以把兩個人重新問成死罪，可見一位知縣合法地禍害他人的能力有多麼強。當時的人們對這種能力十分敬畏，把知縣稱爲「滅門的知縣」，又稱「破家縣令」。最後，這位知縣果然叫陳定破了家。丁氏見兩個人都活不成，乾脆把罪過全攬在自己身上，寫了供狀，然後在獄中上吊自殺，這才了結了這樁案子。

細品這個故事中的利害關係，我們發現當事雙方承擔的成本或風險極不對稱。武進知縣的所作所爲都是在執法的旗號下進行的，只要他發句話，國家的暴力機器就按照他的意願開動起來，並不用他個人破費一文錢。對付上邊的審核，他有法醫的證據的支持，應當說風險極小。他這種進退自如的處境，用古代民間諺語的話說，叫作「官斷十條路」——案情稍有模糊之處，官員的合法選擇就有十種之多。怎麼斷都不算錯。與進退自如的知縣相反，陳定的小命卻完全捏在人家的手心裡，面臨著被絞死的風險，即使能僥倖保住性命，坐牢、喪妾、挨板子、耽誤生意，這些損失注定是逃不掉的。

這就好比美國人面對伊拉克。美國有巡航導彈，能夠隨心所欲地炸人家的總統府或任何找得到的地方。你隨時隨地可以打人家，人家卻打不著你，這正是「利器」的妙用。掌握了這樣的利器，誰還敢惹你生氣？你又怎麼能不牛氣沖天？中國民間有句老話，叫作「身懷利器，殺心自起」。在如此實力懸殊的戰爭中，自己最多不過蹭破點皮，俘獲的卻是眾多的子女玉帛，這樣的仗自然就特別愛打，也特別能打。官吏們要頂住多打幾仗的誘惑，很有必要定力過人。

合法傷害權開出花來

無論正式規定是怎麼樣的，掌握了合法傷害權的人就是牛氣得要命。在他們的眼睛裡，老百姓形同魚肉。我們的祖先也就以「魚肉百姓」一詞來形容這些人和老百姓的關係。

據《竹葉亭雜記》記載，清代的四川有一種流行甚廣的陋規，名叫「賊開花」。每當民間發生盜竊案件，州縣地方官接到報案後，官吏衙役不作任何調查，先把被盜人家周圍的富戶指爲窩贓戶。既然認定嫌疑犯是官吏們的合法權力，關押嫌疑犯也是他們的合法權力，他們這麼做當然沒什麼風險。那些被指爲窩贓戶的人家也有一個共同的特點，就是家裡無人作官，沒有後台。於是官府放心大膽地把他們拘押起來敲詐勒索，每報一案，往往牽連數家，「賊開花」由此得名。那些被指爲窩贓的富戶，特別害怕坐牢，只能自認倒楣，拿出大把的錢來賄賂官吏，打點差役。官吏撈足了錢，才把這些富戶放出來，並宣布他們沒有窩贓。在術語裡這叫「洗賊名」。

最初看到這些歷史記載的時候，我曾經設身處地替那些被敲詐者想過，結論是：如果換了我，就要讀書科舉，混個功名在身，讓他們不敢敲詐。不過這是很有個人特色的對策，只能自保卻不能普渡眾生，並且遠水解不了近渴，顯然不是正經辦法。後來我找到了正經辦法——在清朝人段光清寫的一本書裡，我看到了安徽宿松縣民間用來對付這種敲詐的高招，不禁被人民群眾的創造力所折服。

據《鏡湖自撰年譜》道光十七年（一八三七年）記載，這年九月，小地主段光清（當時已經中了舉人，即有了國家幹部的身分）的佃戶及其家境稍好的幾戶鄰居，忽然被差役傳喚，誣陷他們接了賊贓。段光清說，這是失主與捕役串通好了，囑咐盜賊咬他們一口，藉此敲一筆錢。佃戶找到段光清的哥哥哭訴，段光清的哥哥就找他商量對策。

段光清首先回顧歷史，從前人的智慧和經驗裡尋求啓發。他說，父親曾經說過，嘉慶初年（一七九七年前後）鄉里有一種惡習，乞丐生病倒斃了，地方無賴就要藉機生出波瀾，說必須要經過地方官驗屍才能掩埋。而地方官每次下鄉驗屍，必定要帶一大群人。仵作和刑書自是必需的，還要包括縣衙門裡院的門印、簽押、押班、小使，外院的六房、三班，再加上地方官的儀衛、皂隸、馬僕、轎夫，浩浩蕩蕩多至百餘人。於是，只聽得地方官驗屍的鑼聲一響，鄉下有數百畝家產的人家，就要傾家蕩產，連灰也剩不下了。

段光清說，父親當時的辦法是：召集同鄉的紳衿到縣裡向領導請示，如果乞丐確實是自己死了，經檢驗沒有傷痕，可以由地保掩埋，無須報官府驗屍。領導同意了，還把這條規定刻在石碑上，立在路旁。段光清沒有說他父親拜見縣領導的時候帶沒帶銀子，從情理

刑訊圖

掌握了合法傷害權的人就是牛氣得要命。

推測，應該不至於空手去求人。從下文推測，前輩很可能以某種方式孝敬了父母官。

段光清聯繫現實，說如今囑託盜賊栽贓，這又是一種惡習，兄長最好召集同鄉開一個會，大家湊一筆經費，每年給負責本片的捕役數千，作爲他們辛辛苦苦爲我們抓盜賊的獎勵，同時要求他們別再囑託盜賊誣扳良民。段光清的哥哥接受建議，召集同鄉開了會，果然大家踴躍掏錢，賊開花的問題就這樣得到了雙方滿意的解決。至於和吏胥談判的具體過程，段光清沒有記載，但有三個意思恐怕兜多大圈子也要表達出來：「我們承認你們能害我們，我們掏錢，你們別再用這種手段害我們了。」這看上去很像是和黑手黨打交道，我也承認，在辨別專制政府與黑手黨的實質性區別時，我經常感到自己愚鈍無能。

總之，合法傷害權是很値錢的。有了這種權力，沒有錢可以有錢，沒有斂錢的規矩可以創造出規矩。用古漢語一個簡潔貼切的詞來表達，這叫「勢所必至」。勢之所至，潛規則生焉。即使這規則不合法，也可以轉彎抹角將它裝扮起來——廣大群眾愛護人民警察，湊點錢表達他們的感激之情，這難道有什麼不對嗎？

鎮山之寶

合法傷害權在監獄裡表現得最爲充分，陋規也就特別多。

清朝文學家方苞蹲過中央級的監獄，並且寫了一篇文章，題目就叫《獄中雜記》。他寫道：「康熙五十一年三月（一七一五年），我在刑部監獄，每天都看見三四個死去的犯人從牆洞裡拖出去。一塊坐牢的洪洞縣的杜縣令說，這是病死的。現在天時正，死的還算少，往年多的時候每天死十數人。……我問：北京市有市級的監獄，有五城御史司坊（監察部系統），爲什麼刑部的囚犯還這麼多？杜縣令回答說：刑部的那些喜歡折騰事的司局長們，下邊的辦事人員、獄官、禁卒，都獲利於囚犯之多，只要有點關聯便想方設法給弄到這裡來。一旦入了獄，不管有罪沒罪，必械手足，置老監，弄得他們苦不可忍，然後開導他們，教他們如何取保，出獄居住，迫使他們傾家蕩產解除痛苦，而當官的就與吏胥們私分這些錢財。」

方苞提到的這些榨取錢財的手段，晚清譴責小說作家李伯元在《活地獄》裡有詳細的描寫。

山西陽高縣有個叫黃升的人，無辜被牽連入獄。衙役的快班頭子史湘泉把他關在監獄裡，故意用鏈子把他鎖在尿缸旁邊，那根鏈子一頭套在脖子上，一頭繞在柵欄上。鏈子收得很緊，讓他無法坐下，就這樣拘了大半天。直到掌燈時分，史湘泉出來與黃升講價錢了。

「你想舒服，卻也容易，裡邊屋裡，有高鋪，有桌子，要吃什麼，有什麼。」說著便把黃升鏈子解下來，拿到手裡，同著他向北首那個小門，推門進去，只見裡面另是一大間，兩面擺著十幾張鋪，也有睡覺的，也有躺著吃菸的。黃升看了一會兒，便對史湘泉說：「這屋裡也好。」史湘泉道：「這個屋可是不容易住的。」黃升問他怎的，史湘泉說：「進這屋有一定價錢。先花五十吊（按糧價折算，每吊錢至少相當於二百元新台幣），方許進這屋；再花三十吊，去掉鏈子；再花二十吊，可以地下打鋪；要高鋪又得三十吊，倘若吃鴉片菸，你自己帶來也好，我們代辦也好，開一回燈，五吊。如果天天開，拿一百吊包掉也好。其餘吃菜吃飯，都有價錢，長包也好，吃一頓算一頓也好。」

黃升聽了，把舌頭一伸道：「要這些嗎？」史湘泉道：「這是通行大例，在你面上不算多要。你瞧那邊蹲著的那一個，他一共出了三百吊，我還不給他打鋪哩。」

這位黃升偏偏身上沒有帶錢，史湘泉一怒，將他送入一道柵欄門，裡邊的犯人又讓他掏錢孝敬，黃升拿不出來，眾人便一擁而上，將他打了個半死，又罰站了一夜。

即將處決的死刑犯應該是最難敲詐的了，但是吏胥們依然有辦法，他們可以在行刑和捆綁的方式上做交易。

據方苞記載，即將執行死刑的時候，行刑者先在門外等候，讓他的同夥入獄談判，索要財物，當時的術語叫「斯羅」。如果犯人富裕，就找他們的親戚談；如果犯人窮，就找他們本人談。他們對凌遲處死的犯人說：順我，就先刺心，否則把你胳膊腿都卸光了，心還不死；對絞刑犯則說：順我，一上來就讓你斷氣，否則就縊你三次，再加上別的手段，然後才讓你死（在此提一句，李大釗先生就被縊了三次才死）。最難做手腳的斬首，他們還可以「質其首」——難道劊子手還能扣留腦袋麼？我搞不清楚究竟如何「質」腦袋，姑且原文照抄。

以上是行刑者的交易方式。憑藉他們手裡的「合法傷害權」，一般能從富裕者那裡敲出數十兩甚至上百兩銀子，從貧窮者那裡也能把衣服行李敲乾淨。完全敲不出來的，就按照事先威脅的辦法痛加折磨。

負責捆犯人的也這樣。方苞說，不賄賂他，在捆縛時就先將其筋骨扭斷。每年宣判的時候，死刑和死緩犯一概捆縛，押赴刑場待命，被處決的有十之三四，活下來的要幾個月才能將捆傷養好。有的人會落下終身殘疾。

方苞曾經問一個老胥，說你們無非想要點東西，又沒有什麼仇，實在沒東西，最後也別那麼折磨人家，這不是積德行善的好事嗎？老胥回答說：這是「立法」，目的是警告旁人和後人。不這樣做，別人就會心存僥倖。

吏胥們對自己立的法——「刑獄潛規則」顯然是一絲不苟的。與方苞同時被捕上刑的有三個人，一個人以三十兩銀子行賄，骨頭受了一點傷，養了一個月才好；另外一個人賄賂的銀子比前者多一倍，皮肉受了點傷，十來天就好了；第三個人掏的銀子還要多一倍，當天晚上就可以像平常一樣走路了。曾有人問過這樣一個問題：罪人貧富不均，都掏錢就行了，何必再製造多寡的差別呢？回答說：沒有差別，誰肯多掏錢？❷

監獄和班房（類似臨時拘留所）是合法傷害權密集的大本營，因此也是貪官汙吏的鎮山之寶。說

活地獄繡像

胥吏們對自己立的法顯然是一絲不苟的。

到極端處，犯人在監獄和班房中凍餓病死，或者叫庾斃，官府是不用承擔責任的，這是比巡航導彈還要厲害的一種武器。巡航導彈固然是低風險傷人的利器，畢竟還需要花錢生產，而庾斃幾條人命卻不用你掏一文錢，甚至還能幫助你賺點囚糧、囚衣、醫藥和鋪蓋錢。合法傷害權的根基既然如此美妙，抽出許多粗黑的枝條，開出許多賊花樣，一概在情理之中。

良心和禮節全面倒戈

中國古代的史書上經常出現一個字：「賕」。《辭海》上的解釋是賄賂。其實無須解釋，大家一看便知道這個字是什麼意思，以貝相求，不就是權錢交易嗎？

揮動傷人的利器需要使用者心存惡意，這就需要克服良心的障礙，「賕」則替人免除了這些麻煩。只要你手中有了權，它就會主動找上門來，甜蜜蜜地膩上你，叫你在絕對不好意思翻臉的情境中繳械投降，放下武器，跟他們變成一撥的，團結起來一致對外。你無須任何惡意，甚至相反，拒絕這種賕，倒需要幾分惡意，需要翻臉不認人的勇氣和愣勁，因為賕通常是通過親戚朋友的路子找上門來的。你不僅要翻臉不認謙恭熱心的送禮人，還要翻臉不認你的親戚朋友。

於是，貪贓枉法的成本又進一步降低了，拒絕賄賂的成本則進一步提高了。良心的障礙和禮節的訓練在此全面倒戈，反對他們本來應該維護的東西。人非聖賢，孰能無過？大多數人恐怕只有歎一口氣，然後甜蜜蜜地，無可奈何地，半推半就地倒在美人的懷抱裡。又一位清官從此消失。

注釋

❶參見張居正：《張太嶽集》卷十八，〈雜著〉。轉引自《明代政治制度研究》，關文發、顏廣文著，第二五一頁。

❷《方苞集》第二冊，〈紀事〉，第七一〇頁。

04 老百姓是冤大頭

勒索老百姓是一件很容易的事情，想要他們的錢，只管開口要就是了，偶然有個別人跳出來反對，那就不正常了。

只管開口要就是了

我見過明成祖朱棣（一四〇三～二四年在位）的一道聖旨，一字不差地抄錄如下：

那軍家每年街市開張鋪面，做買賣，官府要些物件，他怎麼不肯買辦？你部裡行文書，著應天府知道：今後若有買辦，但是開鋪面之家，不分軍民人家一體著他買辦。敢有違了的，拿來不饒。欽此。❶

這道聖旨的口氣給我留下了深刻印象。我想，假如我是當時在北京開小鋪的買賣人，官府攤派到我頭上，勒索到我頭上，我敢執拗一句半句麼？我自以爲並不特別膽小，但是我得老實承認，我不敢執拗。皇上分明說了，「敢有違了的，拿來不饒。」像我這樣的小老闆，拿了就拿了，打了就打了，宰了就宰了，不就是一隻任人宰割的羔羊麼？皇上就是這樣看待我們的，我認爲他看得很準。

皇上的事情就不多說了。在名義上，他是天道的代表，有責任維護我們小民的利益，下手不應該太狠。我們還是把重點放在貪官汙吏身上。

對中華帝國的官吏們來說，勒索老百姓也是一件很容易的事情，並不需要費心策劃。想要他們的錢，只管開口要就是了，難道還有人膽敢抗拒政府收費麼？無人抗拒是正常的，偶然有個別人跳出來反對，那就不正常了，如同異常天象一樣，我們就能在歷史中看到記載了。

據四川《眉山縣誌》記載，清光緒初年，眉山縣戶房（財政局）每次收稅，都直截了當地在砝碼外另加一銅塊，叫做戥頭。鄉民每年都被侵蝕多收，心裡痛苦，卻沒有辦法。

關於此事的另外一種記載是：

> 眉山縣户科（財政局）積弊甚重，老百姓交納皇糧正稅之外，每户還要派一錢八分銀子，這叫戥頭。官員和胥吏把這筆錢據爲己有，上下相蒙二十年不改。

一錢八分銀子並非要命的大數字，按照對大米的購買力

朱棣畫像、手跡

字體結構較為開張，顯示出博大的氣派，不過，「幾乎每個字都有惡狠狠的一筆」。

折合成新台幣，相當於三百多塊錢；按照現在的貴金屬行情計算，還不到八十塊錢，我們折中一下，姑且算它兩百塊錢。數字雖小，架不住人口多、時間長。眉山縣地處四川盆地，天府之國，一個縣總有三五萬戶，如此收上二十年，這就是一兩億新台幣的巨額數目了。

告官的代價

眉山縣有個庠生，也就是州縣學校的讀書人，名叫李燧。《眉山縣誌》上說他「急公尚任俠」，是個很仗義的人。這兩百塊錢的亂收費不知怎麼就把李燧惹火了，他義憤塡膺，「破產走五千里」，到上級機關去告狀。既然鬧到了上訪的地步，我們就可以很有理由地推測，他在眉山縣一定也鬧過，但是沒有成果，縣領導一定不肯管。縣領導要掐斷部下一兩億新台幣的財源，說不定其中還包括領導本人的若干萬，想必是很難下手的。這是一個很要命的重大決策。

李燧的上訪並不順利，他把更高一級的領導惹怒了，被誣陷爲斂錢，革除了他的生員資格。生員資格也是很値錢的，清人吳敬梓寫的《儒林外史》第三回說，窮得叮噹響的私塾先生周進，在眾商人的幫助下花錢納了個監生，可以像生員一樣到省城的貢院裡參加鄉試，花費了二百兩銀子。折中算來，這筆銀子價値十幾二十萬新台幣。如此估價生員身分並沒有選擇高標準。《儒林外史》第十九回還說，買一個秀才的名頭（即生員身分）要花一千兩銀子；請槍手代考作弊，也要花費五百兩。我的計算已經打過四折了。

李燧爲什麼這麼倒楣，其中內幕只能推測。他要斷人家的大財源，不可能不遭到反擊。官吏們熟悉法律條文，又有權解釋這些條文，再加上千絲萬縷的關係，彼此同情，反擊一定是既合法又有力的。遙想當年，李燧上訪難免得到一些老百姓的支持，大家湊了一些錢。這既是非法集資，又是聚眾鬧事，還可以算擾亂社會秩序，甚至有危害國家安全的嫌疑。結果，李燧丟掉生員資格後，因斂錢的罪名被投入監獄。在他漫長的坐牢生涯中，幾次差點被殺掉。

李燧入獄後，當地老百姓更加痛苦無告，也沒人敢再告了。眉山的官吏們嚴防死守，殺雞嚇猴，保住了財源。

十二年後，省裡新來了一個主管司法和監察的副省長，他聽說了這個情況，很同情李燧，可憐他爲了公眾的利益受此冤枉，放他回了家，還贈給他一首詩——破了產，丟了生員的資格，走了五千里，關了十二年，得了一首詩。這就是李先生本人的得失對比。至於那個戥頭，據說在光緒十二年（一八八六年）那一年，眉山縣令毛隆恩覺得不好，主動給革除了。從時間上看，這與釋放李燧大約同時，不過功勞卻記在了新領導的帳上。我寧願相信是李燧發揮了作用，不然這牢也坐得太窩囊了❷。

假定此事完全是李燧的功勞，毛縣長貪天之功，根本沒起什麼作用，那麼，凡是有李燧的地方，就不會有亂收費。問題是，李燧出現的概率究竟有多大呢？爲了區區兩百塊錢，是否値得變賣家產，奔波五千里上告？而且究竟能不能告下來還在未定之天？就算你信心十足，肯定能夠告下來，究竟又有幾個如此富於獻身精神的人，既有文化又不怕事，還肯花費全部家產和成年累月的時間，去爭取這區區兩百塊錢的正義？如果這種人罕見如鳳毛麟角，那麼我們就敢斷定，官吏衙役們亂收費是非常安全的，沒有什麼人會跳出來跟他們鬧彆扭，萬一有這麼一個半個的也不要緊，即使他真成功了，告了下來，也並沒有什麼人因此受到處罰，大不了不過是以後不再收了，毛縣長們還可以藉此機會留名青史。

對於這種結局，即官吏衙役失敗而告狀者勝利的結局，四川《榮縣誌》上也有記載。

大約在十九世紀中期，四川榮縣收糧的時候，戶房書吏（縣財政局幹部）總是大模大樣的晚來早走。柵門一步之隔，門裡悠哉遊哉，門外邊人山人海，擁擠不堪，後邊的人擠不過來，前邊的人擠不出去。爲了不受這種苦，很多人出錢託有後門的攬戶代交，就好像現在一些手續複雜作風拖遝的什麼局門口總有許多代理公司一樣，只要你肯多掏錢，總能找得到包攬錢糧的代理人。有的人乾脆直接出錢賄賂，不如此，十天半個月也不見得能納上糧，家裡的農活也耽誤不起。另外還有一些欺負老百姓的地方，譬如幾分銀子便湊整算一錢，銀和錢的折算率也從來沒有個準頭，總是向著有利於官吏、不利於百姓的方向狠狠地折，等等。

有個叫王開文的農民，很有氣節，憤恨不平地到縣裡告狀。縣裡不受理，王開文就去更高一級的衙門上訴。縣裡派人將他追捕回來，將他枷在大街上示眾，還是那套殺雞嚇猴的老手段。沒想到王開文氣壯山河，在眾人面前大呼道：誰和我同心？誰願意掏錢跟他們幹！

當地農民受了多日的鳥氣，憋的難受，就揮舞著錢幣來表示願意，只聽揮舞錢幣的聲音如同海潮，響成一片。《榮縣誌》上描寫道：「縣令大駭」，趕緊把王開文釋放了，還安慰了他一番。從此收糧的弊病有所好轉。

榮縣的亂收費問題並沒有因爲一個英雄般的王開文而得到根本解決。數十年之後，到了光緒初年，這裡又冒出了一個劉春棠事件。

劉春棠是書院的生員，也是讀書人。他的朋友梁書安和呂瑞堂在納糧的時候也被搜刮勒索，提出異議還被訓斥謾罵了一頓。這二位不服，知縣就說他們喧囂公堂，要以這個罪名懲辦。後來聽說是書院的生員，就好像現在的大學生，歸教委系統管的，很可能還是未來的國家幹部，這才饒了他們。

當時，每年徵稅的時候，書役百餘人威風凜凜，顧盼左右，正稅之外還索要房費、火耗、票錢、升尾等諸多名目。交稅的人稍微有點異議就挨一頓呵斥。畸零小數的稅額，一厘（千分之一兩，約〇．〇四克）銀子湊整，竟要徵錢二百文，多收一百多倍。老百姓早已滿肚子怨氣。有人鬧起來後，民眾集資捐錢，請劉春棠出面上訴。

到了公堂之上，劉春棠先請知縣頒布從前定過的徵糧章程，然後又出示了將一厘算做二百錢的票據。知縣推託道：過去定的章程，年代久遠無從稽查。至於多收這點錢嘛，乃一時疏忽。

總之是告不下來。這時候又出了一件事，一位名叫戴龍恩的人，被收了雙份的津貼和捐輸，他要求退還多收的部分，可是多收的人就是不退。於是戴龍恩和劉春棠聯手，一起到省裡告狀，把榮縣境內亂收費的種種弊端都給抖摟出來了。但是和李燧一樣，這兩位在省裡並沒得到好下場，劉春棠也被省裡拘留起來。剩下個戴龍恩，不屈不撓地上北京告狀。

結果還算他運氣，戶部（中央財政部）將這個案件發還四川審訊，第二年，四川按察使司真審了，而且判決下來了。這一場拚出性命的折騰，換來了一塊鐵碑，上邊鑄著徵稅的正式規定，譬如早晨就要開始徵收，到下午三點以後才能停收，收糧的人不許擅自離開讓糧戶等候，銀和錢的折算率按照市價計算等等。拚出命來才爭取到一個下午三點之前不許停收，眞不知道那些衙役原來是幾點下班的❸。

我不知道後來的結果，但我估計，用不了多久，這些鐵鑄的話就會變成一紙空文。我讀過蘇州府常熟縣從明末到清初立的六塊石碑，都禁止收漕糧過程中勒索老百姓的相似勾當。如果勒石刻碑眞能管用，何至於重複立上六座？

現在可以算個總帳了。李燧爲了兩百塊錢破產走五千里，王開文爲了排不起隊上訪告狀。排隊值多少錢呢？一般說來，農村日工一天不過二三十文錢，雇人排上十天隊也不過二三百文。劉春棠赴省告狀之前，向知縣出具的證據也是將一厘銀子折成二百文的票據。就算白白收了他二百文錢，又能有多大的損失呢？折合成現在的新台幣，這二百文不過兩三百塊錢。只要設身處地想一想，我們就可以胸中有數：究竟能有多少人，肯爲這幾百塊錢耗時幾個月，奔走幾千里？那可是一個沒有汽車和火車的年代。

這筆帳還不能如此簡單地計算，因爲歷史經驗已經一次又一次地告訴我們，奔走幾千里並不是惟一的代價。被告必定要反擊，要找茬治你的罪，給你戴枷，關你入獄，拿你殺雞嚇猴。站在貪官汙吏的立場上算一算，我們就可以知道，他們對此事的重視程度抵得上告狀者的一百倍。假如三五萬戶老百姓供養著三五百位貪官汙吏蠹役，人家一個吃著你一百個，你的幾百塊錢就是人家的幾萬塊錢，如此重要，貪官汙吏豈能不奉陪到底？如果你是爲了尊嚴或者叫面子，人家難道就不需要尊嚴和面子？官家的面子當然比小民的面子更加值錢。

造反有理

即便你甘願付出上述兩道代價，仍然不等於解決問題。爭取勝利的決心與勝利本身的距離還遙遠得很。究竟有多麼遙遠呢？勝利的概率究竟有多高呢？清嘉慶四年（一七九九年），參與編修《高宗實錄》的洪亮吉分析了告狀中的利害格局，然後給出了一個估計數字。

洪亮吉說，在大省裡當領導，成爲一個方面大員，就像過去一樣，出巡時每到一站都有按規矩應得的禮物，還有門包。平時在家，則有節禮、生日禮，按年則有幫費。升遷調補的時候，還有私下饋謝的，這裡姑且不算。以上這些錢，無不取之於各州各縣，而各州縣又無不取之於民。錢糧漕米，前數年尚不過加倍，近來加倍還不止。

省裡幾套班子的領導們，以及下屬的地、市，全都明知故縱，要不然，門包、站規、節禮、生日禮、幫費就無處出了。各州各縣也明白告訴大家：「我之所以加倍，加數倍，實是各級衙門的用度一天比一天多，一年比一年多。」

嘉慶皇帝像

洪亮吉說了這麼多話，核心意思就是官逼民反，造反有理。嘉慶皇帝很生氣，說這傢伙說話怎麼這麼愣，就撤了他的職。

但是細究起來，各州縣打著省地市各級領導的旗號，借用他們的威勢搜刮百姓，搜刮上來的東西，上司得一半，州縣揣到自己腰包裡的也占了一半。剛開始幹這些事情的時候，還有所顧忌，幹了一年二年，成爲舊例，現在已牢不可破了。

這時候你找總督、巡撫、藩台、臬台、道、府告狀，誰也不會管你，連問都不問。成千上萬的老百姓當中，偶然有一個兩個忍不下這口氣，到北京上訪的，北京方面也不過批下來讓總督巡撫研究處理而已，派欽差下來調查就算到頭了。試想，老百姓告官的案子，千百中有一二得到公正處理的嗎？即使欽差上司比較有良心，不過設法爲之調停，使兩方面都不要損失太大罷了。再說，欽差一出，全省上下又是一通招待，全省的老百姓又要掏錢。領導們一定要讓欽差滿載而歸，才覺得安心，才覺得沒有後患。

所以，各州縣官員也明白了，老百姓的伎倆不過如此。老百姓也明白了，上訪告狀必定不能解決問題，因此往往激出變亂。湖北當陽和四川達州所發生的事變，都在證明了這一點……

洪亮吉把他的這番分析交給了軍機大臣成親王，親王又給嘉慶皇上看了。洪亮吉說了這麼多話，核心的意思，就是官逼民反，或者叫造反有理。搜刮老百姓是各級官員的共同利益所在，這就決定了老百姓告狀的成功率不過千百之一二。因此，除了造反之外沒有更好的出路。看了這種觀點，皇上很生氣，說這傢伙說話怎麼這麼愣，於是撤了他的職，讓廷臣一起審他，不過也囑咐說不要上刑。會審的結果，廷臣們建議砍掉這個愣傢伙的腦袋。最後處理的時候，皇恩浩蕩，從寬發落，將洪亮吉發配新疆伊犁戍邊。洪亮吉老實認罪，痛哭流涕，感謝寬大處理❹。

雙方的最佳策略和結果

各級官員都是聰明人，群眾的眼睛也是雪亮的，大家都認清了局勢。

這種局勢，對老百姓而言，首先就是不值得爲了那點亂收費而用幾個月的時間，跑幾千里路去告狀。告狀花的錢，打發一輩子的亂收費也有富餘，告狀必定是虧本的買賣。其次，貪官汙吏準備付出更大的代價打掉出頭鳥。一旦壞了規矩，他們的損失將極其巨大，因此出頭鳥很可能賠上身家性命。第三，在付出上述重大代價之後，告狀者的成功概率不過千百之一二。結論：民不和官鬥；出頭的椽子先爛；屈死不告狀。

對官吏而言，結論就是洪亮吉說的那句話：老百姓的那點伎倆不過如此。

老百姓是個冤大頭。且不必說「人不

攔輿告狀

告狀的成本很高，風險很大，成功率很低，忍氣吞聲反倒合算。

犯我，我不犯人；人若犯我，我必犯人」，更不必說什麼「以血還血，以牙還牙」，人家罵了他，打了他，吸了他的血，他連找人家的家長哭訴告狀都找不起。惟一合算的選擇，只剩下一個忍氣吞聲，繼續讓人家吸血。

這很像是狼和羊在一起，一個長著利齒，而且不吃素；另一個吃素，偏巧還長了一身好肉。雖然頭上也有一對犄角，但那是用於公羊之間打架的，在異性面前自我顯示的時候還管用，見到那個大嘴尖牙的灰傢伙就只有哆嗦的份了。只要是狼和羊在一起，他們之間的關係就定局了。假如你願意，盡可以規定羊稱狼爲父母，狼稱羊爲兒女。顚倒過來當然也可以，讓狼跟羊叫爹娘或者叫主人，羊則有權把狼叫作兒子或者僕人。隨便你怎麼規定，反正狼要吃羊。如果某羊不反抗，也許能多活幾天，一時還輪不上被吃。敢於反抗者，必將血肉模糊，立刻喪命，絕少成功的希望。

冤大頭是貪官汙吏的溫床。在冤大頭們低眉順眼的培育下，貪官汙吏的風險很小，麻煩很少，收益卻特別高，因此想擠進來的人也特別多，他們的隊伍迅速壯大。但是最終會遇到一個問題，就好像狼群在羊群的養育下迅速擴大一樣，大到一定的程度，羊群生長繁殖的速度就供

揭露清廷苛政猛於虎的漫畫

羊是狼生存的根本——簡稱「民本」。

不上人家吃了，羊群要被吃得縮小以至消亡了。這時候，狼的末日也就不遠了。這竟是雙輸的結局。

其實，中國歷代老狼的經驗很豐富，完全明白這個道理。那些爲天子牧民或者叫牧羊的肉食者，都知道羊是狼生存的根本——簡稱「民本」。大家都懂得愛護羊群的重要意義，奈何抵抗不住眼前綿羊的誘惑，也抵抗不住生育狼崽子的誘惑。這也是有道理的：我不吃，別的狼照樣吃；我不生，別的狼照樣生。個體狼的利益與狼群的集體利益未必一致。如果我的節制不能導致別人的節制，我的自我約束對羊群來說就沒有任何意義，徒然減少自己的份額而已。在老狼忍不住饕餮的時候，我可以聽到一聲歎息：它們要是變成刺蝟，俺們不就變成清官了麼？

注釋

❶《皇明經世文編》卷一九一，汪應軫：《恤民隱均偏累以安根本重地疏》。
❷參見民國《眉山縣誌》卷十一人物志，第六十八頁；卷九，職官志，第二十四～二十五頁。轉引自《清代四川財政史料》上，第五九三頁。
❸參見民國《榮縣誌》，食貨第七，第五～八頁。轉引自《清代四川財政史料》上，第五九一頁。
❹《清史稿》，卷三五六，列傳一四三，洪亮吉。

05 第二等公平

不公平的感覺是一種易燃易爆的危險品，幾個好漢在公平奇缺的世界上敲出了幾顆火星，全中國便翻捲起逼人的熱浪。

公平是有等級的

道光十九年（一八三九年），山西巡撫（省委一把手）申啓賢到雁北一帶視察工作。路過代州（今代縣），當地一些里正（類似村長）和紳耆（類似老知識份子或退休老幹部）攔住轎子告狀，反映驛站在徵收號草中的問題❶。攔大官的轎子和敲登聞鼓告狀一樣，都是很叫領導反感的行爲，所告事實如有出入，按規定就要打八十板子，這是足以要老頭們的性命的責罰。韓愈說「大凡物不得其平則鳴」，讓這些老頭和村幹部感到不公平、非要鳴一聲不可的，究竟是什麼東西？

清朝的驛站近似現在的郵政局，號草就是驛站馬匹食用的草料。這些草料由本縣百姓分攤，定期交納。那些老人和村長控訴說，驛站收號草有兩條不公平，一是大秤不準，經常七八十斤號草上秤而秤不起花；二是必須向收號草的驛書和家人交納使費，不然他們就不肯收。

第一條無須解釋了。第二條，用當代語言來說，就是非得再掏一筆辛苦費，才能請動驛書和「家人」的大駕，勞動他們收你的號草。驛書近似現在的縣郵政局領導，「家人」則是縣領導的私人親信，近似生活祕書。《大清會典》規定，驛站的財政費用由當地州縣政府提供，縣領導派親信來收號草，就體現了這重權力和責任。由此我們也可以看出告狀者的無奈：縣領導的家人敲詐勒索，怎能不攔住省領導告狀？

據申啓賢巡撫自己說，那些老頭攔住他告狀的時候，他已經生了病，性情煩躁，也沒有深究是非對錯，就下令掌責——打了那些老頭一頓耳光。不過剛打完就後悔了，心裡感到不安。他說，那些挨打的老頭「俱白髮飄蕭」，他害怕這頓耳光會打出人命來。於是將此案件批給道台張集馨（近似雁北地委一把手）親自訊問，在半路上申巡撫又專門寫了一封信，叮囑張集馨處理好這件事。

申啓賢感到不安是有道理的。人們爲了千八百斤草料可以攔路告狀，卻不見得去「京控」。去北京上訪是一件代價很高、成功率卻很低的事情，但是出了人命就不一樣了，苦主不會輕易善罷甘休。再說那些老頭和村幹部還可以分擔「京控」的費用，這就不僅願意告，也告得起。一旦進入告省級領導的京控程式，就可能有欽差大臣下來調查。按照常規，欽差大臣會抹平此事，但是省、地、縣都要付出相當可觀的代價，兩三萬兩銀子的「欽差費」肯定是免不了的。按糧價折算，兩三萬兩銀子將近兩千萬新台幣，逞一時之快值不值這筆鉅款，申啓賢不能不犯嘀咕。以上推測還沒有考慮到良心的作用，不過就我所知，申巡撫雖然不是惡棍，但他的良心也不是很敏感，不算也罷。

我想講的故事到此才算正式開始。

經過調查，張集馨發現，那些白交還要遭受兩重刁難的號草，按規定竟要由政府向民間購買。國家規定的收購價格是一文錢一斤，折算爲現在的貨幣和度量單位，大概就是八毛多錢一公斤。當地每年收驛草十多萬斤，財政撥款將近新台幣八萬元，但是這筆錢根本就到不了百姓手裡。張集馨寫道：「官雖發價而民不能領，民習安之。」

我想強調一句：這裡顯現了三種公平的標準。按照正式規定，老百姓在名義上的權利竟然如此之大，他們不僅不應該被官府的黑秤剋扣，不應該交納使費，相反，他們還應該從官方拿到一筆買草錢。這當然是頭等的公平，但只是名義上的東西，並不是老百姓眞正指望的標準。「民習安之」的標準，是白交驛草但不受刁難的標準，這是比正式規定降低了一個等級的標準。百姓膽敢不滿意的，只是使用黑秤外加勒索使費，並不是白交驛草。官吏和衙役們得寸進尺，想讓老百姓在認可第二等標準之後，再認可這第三等標準，村幹部們不肯認帳，這才有了攔路告狀。

第一等公平的由來

說到驛站事務方面的第一等公平標準，儘管只是名義上的標準，我們也不能不懷念明末豪傑李自成。

李自成與驛站有特殊的關係。一說他本人在造反之前就是驛卒，因爲驛站裁員，下崗失業了，於是造反；一說他的爺爺和父親攤上了給驛站養馬的義務，賠累破產了，而李自成造反則由於還不起債務。這兩種說法都與驛站事務有關。清朝的開國元勳是和李自成交過手的，至少他們親眼見到李自成推翻了明朝這個龐然大物，想必留下了非常深刻的印象。因此，在清朝皇帝和大臣眼裡，驛站和驛馬是具有重大政治意義的問題，處理起來便有了面對未來李自成的意思，不敢把百姓當成好欺負的冤大頭。於是我們就看到了體現出第一等公平的正式規定。

康熙皇帝決定，改革明朝向民間攤派養馬任務的制度，將民養官用改爲官養官用。同時，改革明朝在民間無償簽派夫役的制度，夫役由官方出錢雇傭。皇帝如此規定，也是下了大決心的。清朝全國有兩千多個驛站，使用的牛馬驢騾將近七萬，每年開支三百多萬兩銀子，這還不算遍布全國的一萬四千多「鋪遞」——靠步行傳送郵件的官方組織。皇帝眞怕製造出李自成來，對政府的權力做了價值連城的約束，而這些改革和制度都載入了《欽定大清會典》，屬於行政法規性質的最正式的制度。

按照《大清會典》的規定，驛站的每年費用是有定額的，每年都要上報考核，而養馬用的草料開支就是額定費用中的一個大項❷。《大清會典》規定，驛站的額定費用從州縣徵收的田賦正額和地丁銀子中撥給，這就是說，州縣百姓已經在交納皇糧國稅的時候爲馬草掏過一次錢了。在這個意義上，再讓百姓無償交納號草，等於是一件東西賣兩次，在現代術語裡，這叫「重複收費」。

如果不討論「家天下」的制度是否公平，《大清會典》的這些規定在技術上是無可指責的。驛站是國家的神經網路，是國防和行政資訊的通道，無論如何都是必要的。而支撐這個網路的，最終必然是百姓的賦稅。只要百姓的賦稅水平合理，國家的神經

李自成像

皇帝們怕製造出李自成來，才恩准了第一等公平。這也是流血犧牲換來的。

系統不腐敗變質，我們就得承認這個標準很公平。這就是我們應該感謝李自成的道理。

在這個意義上，我們也應該感謝秦始皇，至少要感謝陳勝、吳廣。秦始皇橫行霸道，把老百姓當作可以任意踐踏的冤大頭，徵發數十萬、上百萬的老百姓給他本人建造宮室陵墓，給他的帝國修建圍牆，結果他設計的萬世江山不過二世就完蛋了。這個教訓想必也給漢朝皇帝留下了非常深刻的印象，沒有秦朝短命的暴政，恐怕就不會有漢朝的「獨尊儒術」，這個前車之鑑使得儒家的威脅顯得比較可信，仁政和王道的主張也顯出了皇帝認可的好處。因此，以董仲舒爲代表的儒生才有資格與皇上討價還價，達成一個雙贏的協定：皇上獲得儒生的支持和代理天道的地位，儒生也獲得了表述天道的特權。儒家經典很像我們在《大清會典》中看到的關於驛站的漂亮規定，說起來相當公平合理，其地位也很像如今的憲法。

當然，儒家並不反對「家天下」。因此皇親貴族就應該當純粹的寄生蟲，百姓就應該掏錢給皇上供養眾多的後宮佳麗，供養伺候她們的成千上萬的宦官。但王道畢竟比秦始皇不加掩飾

董仲舒像

秦朝的短命，使董仲舒有了與皇上討價還價的資本。

的霸道上了一個台階，這也是流血犧牲換來的。

第二等公平的根據

我認爲，代州百姓根本就不指望第一標準能夠實現，這是很有自知之明的。第一等公平的標準接近市場上等價交換的標準，而市場交易需要一個前提，就是雙方平等，擁有參加或退出交易的自由，誰也不能強迫誰。很顯然，官府並不是老百姓的平等交易夥伴，官府是有權收費的。無論當時還是現代，抗糧、抗稅或抗拒苛捐雜費，都會導致嚴重的後果。

下邊我們以每年春秋兩季的錢糧交納程式爲例，看一看老百姓不聽招呼的常規後果。

每到開徵之時，縣衙前貼出告示，要求百姓按照慣例，主動在指定的時間到指定地點交納錢糧。交納的過程當然免不了許多盤剝，不服盤剝也可以不交，後邊自有對付你的合法手段。

沒有交納或沒有交夠的人，就要在簿冊上留下拖欠紀錄，這些人要按照規定的期限去指定地點補交。

過期不交，書吏差役就要下鄉催科了。催科是一件很有油水的事情，是需要競爭上崗的。清朝光緒年間，屠仁守在《謹革除錢糧積弊片》中說，下鄉催役的差使都是要花錢買的，有的人甚至提前買下差使囤積起來，到了催科的時候，揭票下鄉，向糧戶徵收。除了勒索酒食供給外，每票總要勒索錢數百文，甚至數千文。稍不如意，輒以抗糧的罪名報官。鄉民畏懼，不得不滿足這些人的貪欲，以免被罪名拖累❸。

如果催科之後還沒有交夠錢糧，就要抓到衙門裡打板子，站枷號。這裡就更黑了，需要另文細說。

總之，官府並不怕零散百姓的對抗，吏胥們甚至怕你不對抗。他們虎視眈眈，就等著你因對抗而落網，送上一口肥肉呢。處在這種虎狼環伺的情境之中，只要州縣官打一個招呼，誰敢不老老實實地交納號草？誰敢晚交？誰不怕驛書和家人拒收自己交納的號草？誰還敢把自己在名義上擁有的權利當回事？

壟斷價格的比喻

對官府強加的第二等公平，中國人民好像存在著不分時間地點的廣泛認可。如果打一個富於現代色彩的比喻，這很像是對某種壟斷價格及相關的隱性支出的接受。七八年前我們裝電話，要交人民幣五千元（新台幣兩萬元）的初裝費，像我這樣不熟悉外邊世界的普通百姓竟以爲這規定公平合理，活該如此。在我眼裡，這就是第一等公平。

我有點不滿的只是他們收了錢還要拖你半年以上，不催幾次，不走後門，安裝工人就不來給你裝。我當時也知道安裝工人上門，按規矩還要塞給他們人民幣一、二百元的辛苦錢，至少要塞他們兩條好菸，不然裝上了電話也未必能接通。就連這筆費用我也願意掏，只要你別再沒完沒了地拖下去。我認可半年的拖延，也認可辛苦費，如果電話公司強迫我買他們的電話機，我也準備認可。這就是我眼中的第二等公平，也是我眞正指望的公平。在整個過程中，一切都是我主動的，並沒有人拿刀子逼我排隊裝電話，更沒有人逼我往工人手裡塞錢塞好菸，我願意認帳，我也不會告狀和揭發。

在晚清官員段光清《鏡湖自撰年譜》咸豐四年（一八五四年）六月的記載中，我看到了類似的故事。他講了寧波漁民和商人購買海上安全的經歷。

當時寧波外海不靖，海盜很多，漁民和商人的生意大受影響。這本來是清朝水師（海軍）的失職，他們領餉吃糧卻不幹活，但是這又很正常。公務員偷懶，按術語說就是追求閒暇效用的最大化，這是很有名的，舉世公認的，中國人民也是充分理解的。大家並不眞指望官員們盡職盡責地為人民服務。他們也許有這種良心，但是沒有這種必要。滿清王朝壟斷了公共服務業務，沒有人敢和他競爭，所有競爭都叫造反，那是殺頭之罪。

商人和漁民們沒有辦法，就自己湊錢激勵水師，麻煩他們出海維護治安，這又屬於一件東西賣兩遍了。商人和漁民已經在各種稅費中掏過錢，其中已經包含了供養水師維護海上安全的費用，現在卻不得不再掏一遍。當然，並沒有人逼他們掏錢，

清朝水師戰船

百姓掏了兩次錢，仍然沒有買到海上安全。

我們只能說他們是自願的，他們認可了這第二等公平。更準確地說，是認可了自己的二等身分。

據寧波知府（類似寧波市長）段光清說，這辦法開始還管用，水師幹活了。但是今年給了錢，明年又給了錢，一年一年地給下去，這筆錢好像又成了水師該得的一筆陋規，水師再次懈怠起來，漸漸又不幹活了。另外一種解釋是，海盜越來越厲害，水師缺乏訓練，打不過人家，不敢出海幹活了。不管怎麼說，總是百姓花了兩次錢，仍然沒有買到海上安全。

1760年發出的出海執照

好在——也許應該說壞在——清朝水師的壟斷地位被洋人打破了。寧波的商人見水師實在不頂用，就掏錢請洋人的戰船爲他們保駕護航，又求段光清給洋人發了航行和入港的許可文書。過了不久，朝廷接到了報告，說北方海防發現有輪船「捕盜甚力」，查起來還有寧波知府發的許可文書。有一次洋人與海盜遭遇，炮戰一場，一個洋人水手受了重傷，也擊沉了海盜頭子的船，從此威風大震。可見沒有壟斷地位的洋人拿了錢是眞幹活的，並不像清朝水師那樣賣假貨。

不公是易燃的危險品

最後我們來看看張集馨是如何處理號草問題的。

他調來了驛站收草的大秤，經檢驗，果然是百姓所控訴的那種黑秤。於是張集馨下令另造官秤，同時宣布：按照每斤一文的官價支付草價，不許驛書和家丁「乾沒」。他說，對這種處理，「民甚欣悅，而州牧及丁胥皆不樂。」

這樣就算完了？完了。沒有提到敲詐勒索問題，沒有追究貪汙的責任，沒有任何官員吏胥家丁爲持續多年的不法行爲付出任何代價。所有處理，不過是發一桿新秤，重申一遍正式規定。按照這種邏輯，不公平能夠存在多年，難道就是因爲缺少一桿準確的秤？就是因爲缺少一紙不准貪汙的規定？

在我看來，這樣的處理與其說是處罰，不如說是鼓勵。不處理，那些違法亂紀的人或許還有點心虛。經過這樣一番處理，他們便可以放心了：告到省委書記那裡，又指定名聲不錯的地委書記親自處理，最後又能怎麼樣呢？不過給了我們一桿新秤。過一年我們還貪汙，還敲詐勒索，大不了再得一桿秤。這也能算風險嗎？因此，他們的不高興不過是暫時的。他們手裡的加害能力並沒有絲毫的削減，他們的反撲欲望已經在不樂中展現出來。有能力又有願望，還有什麼東西可以阻止他們前進的腳步呢？

後邊的事情張集馨沒有記載，我也就不知道了，但我估計當地百姓從此會死了告狀的心。至於清朝全國通行的驛站潛規則，我讀史不博，說不確實，但我敢確信：清朝在整體上沒有實現儒家主張和《大清會典》規定的第一等公平，連第二等公平也未必能夠普遍實現。以魯迅「想當奴隸而不得的時代」爲標準，我們不妨把第一等公平稱爲臣民級的公平，把第二等公平稱爲奴隸級的公平。奴隸級公平沒有普遍實現的證據，就是太平天國起義。

山西代州的村長和老頭告狀十一年後，太平軍起義爆發了，起義的旗號正是「太平」——其中就有特別公平的意思。不公平的感覺是一種易燃易爆的危險品，幾個好漢在公平奇缺的世界上敲出了幾顆火星，全中國便翻捲起逼人的熱浪。令人感歎的是：太平天國實際展現出來的內部關係，與他們那面漂亮旗號的差距，並不比《大清會典》與黑秤的差距近多少。

洪秀全像

幾個好漢在公平奇缺的世界上敲出了幾顆火星，全中國便翻捲起逼人的熱浪。

注釋

❶整個故事參見張集馨：《道咸宦海見聞錄》，道光十九年。

❷關於清代驛站制度的描述，本文主要參考了馬楚堅的《清代驛傳述略》，見《明清人物史事論析》，江西高校出版社一九九六年出版。

❸《光緒財政通纂》，卷二十九，賦役。轉引自魯子健：《清代四川財政史料》上，第五八七頁。

06 當貪官的理由

哪位官員不是愛錢之人？本來就是靠錢弄到的官位，怎麼能不花錢償還呢？這銀子不會從天上掉下來，也不會從地裡冒出來，想要郡守縣令們廉潔，辦得到麼？

韓一良上疏

《明史》上記載了皇帝和監察官員之間的一個你攻我守的故事。

崇禎元年（一六二八年），朱由檢剛剛當皇帝。當時他是一個十七、八歲的年輕人，一心想把國家治理好。朱由檢經常召見群臣討論國事，發出了「文官不愛錢」的號召。「文官不愛錢，武官不惜死」，這是宋朝傳下來的一句名言，國民黨垮台前也曾提過。據說，如此就可以保證天下太平。

戶科給事中韓一良對這種號召頗不以爲然，就給皇上寫了份上疏，問道：如今何處不是用錢之地？哪位官員不是愛錢之人？本來就是靠錢弄到的官位，怎麼能不花錢償還呢？人們常說，縣太爺是行賄的首領，給事中是納賄的大王。現在人們都責備郡守縣令們不廉潔，但這些地方官又怎麼能夠廉潔？有數的那點薪水，上司要打點，來往的客人要招待，晉級考核、上京朝覲的費用，總要數千兩銀子。這銀子不會從天上掉下來，也不會從地裡冒出來，想要郡守縣令們廉潔，辦得到麼？我這兩個月，辭卻了別人送我的書帕五百兩銀子，我交往少尚且如此，其餘的可以推想了。伏請陛下嚴加懲處，逮捕處治那些做得過分的傢伙。

戶科給事中是個很小的官，大概相當於現在的股級或副科級。但是位置很顯要，類似總統辦公室裡專門盯著財政部挑毛病的祕書，下邊很有一些巴結的人。韓一良所說的「書帕」，大概類似現在中央機關的人出差回京，寫了考察紀行之類的東西自費出版，下邊的人巴結的印刷費。那五百兩銀子，按照如今國際市場上貴金屬的常規價格，大概相當於十七萬多元新台幣。

如果按銀子在當時對糧食的購買力估算，大概有現在的八十萬元新台幣❶。那時的正縣級幹部，每月工資大概相當於現在的四千多元新台幣，十七萬或八十萬都要算驚人的大數目。

崇禎讀了韓一良的上疏，大喜，立刻召見群臣，讓韓一良當眾念他寫的這篇東西。讀罷，崇禎拿著韓一良的上疏給閣臣們看，說：一良忠誠鯁直，可以當僉都御史。僉都御史大致相當於監察部的部長助理，低於副部級，高於正司局級。韓一良有望一步登天。

這時，吏部尚書（類似中組部部長）王永光請求皇帝，讓韓一良點出具體人來，究竟誰做得過分，誰送他銀子。韓一良哼哼唧唧的，顯出一副不願意告發別人的樣子。於是崇禎讓他密奏。等了五天，韓一良誰也沒有告發，只舉了兩件舊事爲例，話裡話外還刺了王永光幾句。

崇禎再次把韓一良、王永光和一些廷臣召來。年輕的皇上手持韓一良的上疏來回念，聲音朗朗。念到「此金非從天降，非從地出」這兩句，不禁掩卷而歎。崇禎又追問韓一良：五百兩銀子是誰送你的？韓一良固守防線，就是不肯點名。崇禎堅持要他回答，他就扯舊事。崇禎讓韓一良點出人名，本來是想如他所請的那樣嚴加懲處，而韓一良最後竟推說風聞有人要送，惹得皇上老大不高興，拉著臉對大學士劉鴻訓說：都御史（監察部部長）的烏紗帽難道可以輕授嗎？崇禎訓斥韓一良前後矛盾，撤了他的職❷。

韓一良寧可叫皇帝撤掉自己的官職，斷送了當大臣的前程，甚至頂著皇帝發怒將他治罪的風險，硬是不肯告發那些向他送禮行賄的人，他背後必定有強大的支撐力量。這是一種什麼力量？難道只是怕得罪人？給事中就好像現在的檢察官，檢舉起訴和得罪人乃是他的本職工作，也是他獲得聲望的源泉，怕得罪人這種解釋的力度不夠。

做不平的人生帳目

細讀韓一良的上疏，我們會發現一個矛盾。韓一良通篇都在證明愛錢有理，證明官員們不可能不愛錢，也不得不愛錢。韓一良說得對，明朝官員的正式薪俸確實不夠花，而他開出藥方，卻是嚴懲謀求俸祿外收入者，這恐怕就不那麼對症下藥。

明朝官員的正式工資是歷史上最低的。省級的最高領導，每年的名義工資是五百七十六石大米，折成現在的新台幣，月工資大概是四萬七千一百二十元❸。正司局級每年的名義工資是一百九十二石大米，月薪大概相當於一萬五千七百二十元新台幣。七品知縣，每年的名義工資是九十石大米，合月薪七千三百六十元新台幣。韓一良這位股級或副科級幹部，每年的名義工資是六十六石大米，折合新台幣月薪五千四百元❹。

我反覆強調「名義工資」這個詞，是因爲官員們實際從朝廷領到的工資並沒有這麼多。那時候發的是實物工資，官員領回家的有大米、有布匹、有胡椒和蘇木，還有銀子和鈔票。不管領什麼，一切都要折成大米。於是這個折算率就成了大問題。《典故紀聞》第十五卷曾經詳細描述成化十六年（一四八一年）戶部（財政部）是如何將布折成大米的。朝廷硬把市價三四錢銀子的一匹粗布，折成了三十石大米。而三十石大米在市場上值多少錢？至少值二十兩銀子！假如按照這種折算率，完全以布匹當工資，縣太爺每年只能領三匹粗布，在市場上只能換一兩銀子，買不下兩石（將近兩百公斤）大米。這就是說，朝廷幾十倍上百倍地剋扣了官員的工資。至於明朝那貶值數百倍，強迫官員接受的紙幣，就更不用提了。

總之，明朝的縣太爺每個月實際領到的薪俸，其實際價值不過四千五百二十元新台幣❺。

請設身處地替縣太爺們想一想。那時候沒有計畫生育，每家的人口至少有五、六個，多的十來個。那時候也沒有婦女解放運動，沒有雙職工，平均起來一家六、七口人全指望這位縣太爺每個月四千五百二十塊錢的工資，每人平均六百八十多塊錢的生活費，這位縣太爺的日子並不比如今的下崗工人寬裕多少。更準確地說，這位縣太爺與如今最貧窮的農民階級生活在同一水平線上。在我寫這篇文章的前一年，一九九七年，中國農民的人均年收入是新台幣八千三百六十多元。

還有一點很要命的地方，就是沒有社會福利。公費醫療不必說了，在成化十五年（一四八〇年）之前，竟連退休金也不給。成化十五年戶部尚書楊鼎退休，皇帝特地加恩，每個月仍給米二石。這兩石大米，價值不過兩千元新台幣，就算是開了大臣退休給米的先例。戶部尚書相當於現在的財政部部長，退休金才給兩千元，其他人可想而知❻。

如果看看當時著名清官的生活和家庭財產，可能會對明朝官員的實際收入產生更悲觀

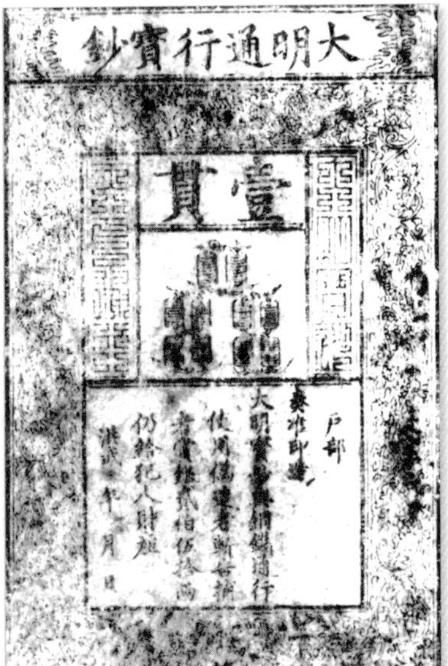

大明寶鈔

中國的紙幣歷史悠久，但朝廷一開印就按捺不住。大明寶鈔在十餘年間就跌到了面值的16%，誰都不願意要了，只好讓銀子當家。

的估計。

海瑞是一個肯定不貪汙不受賄，也不接受任何「灰色收入」的清官。這位清官在浙江淳安當知縣的時候，窮得要靠自己種菜自給，當然更捨不得吃肉。有一次海瑞的母親過生日，海瑞買了二斤肉，這條消息居然傳到了總督胡宗憲耳朵裡。第二天，總督發布新聞說：「昨天聽說海縣長給老母過生日，買了兩斤肉！」❼

海瑞像

清官真窮，真沒有什麼把柄，也真敢翻臉不認人地揭發檢舉。

海瑞最後當到了吏部侍郎，這個官相當於現在的中組部副部長。這位副部長去世之後，連喪葬費都湊不齊。監察部的部長助理王用汲去看，只見布衣陋室，葛幃（用葛藤的皮織的布，比麻布差）還是破的，感動得直流眼淚，便湊錢爲他下葬。當時有一個叫朱良的人去海瑞家看，回來寫了一首詩，其中有四句可以作爲海瑞眞窮的旁證：「蕭條棺外無餘物，冷落靈前有菜根。說與旁人渾不信，山人親見淚如傾。」

這就是辛勤節儉了一生的清廉正直的官員應得的下場麼？

海瑞是明朝晚期嘉靖和萬曆年間的清官。比他再早一百年，在明朝中期的成化年間，有個叫秦紘的清官。秦紘爲人剛毅，勇於除害，從來不爲自己顧慮什麼。士大夫不管認識不認識，都稱其爲偉人。正因爲他清廉，堅持原則，分外之物一文不取，便鬧得妻子兒女「菜羹麥飯常不飽」，家裡人跟著他餓肚子。

成化十三年，秦紘巡撫山西，發現鎮國將軍奇澗有問題，便向皇帝揭發檢舉。奇澗的父親慶成王爲兒子上奏辯護，同時誣陷秦紘。皇帝當然更重視親王的意見，就將秦紘逮捕，下獄審查，結果什麼罪也沒審出來。宦官尙亨奉命去抄家，抄出來的只有幾件破衣裳。宦官報告了皇帝，皇帝歎道：他竟然能窮到這種地步？於是下令放人❽。

這二位清官的家境，大概足以證明正式工資不夠花了。

請留意，比起普通官員來，清官們還少了一項大開銷：他們不行賄送禮，不巴結上司，不拉關係走後門。韓一良說的那數千兩銀子的費用——打點上司、招待往來的客人、晉級考核和上京朝覲等，就算是二千兩銀子，即八十萬至三百萬新台幣的花銷，大都可以免掉了。譬如海瑞上京朝覲，不過用了四十八兩銀子。由於他們眞窮，眞沒有什麼把柄，也眞敢翻臉不認人地揭發檢舉，而且名聲又大，免掉也就免掉了，一般人也不冒險敲詐他們。但是腰桿子沒那麼硬的小官，不僅會被敲詐，還會被勒索——當眞用繩子勒起來索。爲了證明這類開支是剛性的，絕非可有可無，我再講一個故事。

海瑞在淳安當知縣的時候，總督胡宗憲的公子路過淳安，驛吏招待得不夠意思。驛吏相當於現在的縣招待所所長兼郵電局局長，而總督是省部級的大幹部。我猜想，這也不能怪驛吏不識抬舉，肯定是被海瑞逼的。海瑞到了淳安，銳意改革，整頓幹部作風，禁止亂收費，把下邊的小官收拾得戰戰兢兢，想好好招待也未必拿得出像樣的東西來。胡公子受到冷落便生了氣，叫人把驛吏捆了，頭朝下吊了起來——這就是節省開支的下場。

海瑞接到報告，說：過去胡總督有過指示，要求自己的人外出不許鋪張招待。今天這位胡公子行李如此多，必定是假冒的。於是將胡公子扣押，從他的行囊裡搜出了數千兩銀子，一併沒收入庫。這數千兩銀子，也像前邊一樣算作二千兩吧，根據貴金屬價格和購買力平價的不同演算法，其價值在八十萬至三百萬新台幣之間。公子出行一趟，收入如此之多，想必胃口大開，期望值也被培養得很堅挺，到了窮嗖嗖的淳安，諸事都不順心，理所當然要發發脾氣。不幸的是，他碰上了中國歷史上罕見的海青天。海瑞扣押了胡公子，沒收了他的銀子，再派人報告胡總督，說有人冒充他的公子，請示如何發落。弄得胡宗憲啞巴吃黃連，有苦說不出。不過，此事供說笑則可，供效法則不可。試想，天下有幾個海瑞？如果不是海瑞在後邊豁出命頂著，那位驛吏會有怎樣的下場？痛定思痛，他又該如何總結經驗教訓？

驛吏屬於胥吏階層，比入流的有品級的正式「幹部」低，相當於「幹部職工」中的職工。這些人更窮一些，平均工資大約只有幹部的十分之一，大概每個月一石米，價值不過一千元新台幣。但在人數上，職工自然比幹部多得多。

比胥吏的級別更低，人數更多的，是胥吏領導下的衙役，這是一些不能「轉正」的勤雜人員，譬如鐘鼓夫，譬如三班衙役，即現在的武警、法警和刑警。明朝的地方政府使用勤雜人員，最初都靠徵發當地老百姓無償服役。既然是無償服役，衙役就不算政府的工作人員，政府也不發工資，只給一點伙食補貼，叫做工食銀。這些錢，用清朝人傅維麟的話說：「每日不過三二分，僅供夫婦一餐之用。」他問道：一天不吃兩頓飯就會餓得慌，這數十萬人肯空著肚子瘦骨伶仃地站在公堂之側，為國家效勞麼⑨？

無論哪朝哪代，人的一生必定要做平一個等式：一生總收入等於一生總開支。節餘的是遺產，虧損的爲債務。官員們要努力把這個等式做平，最好還要做出節餘來恩澤子孫。而明朝規定的工資注定了他們很難做平。韓一良說了，工資就那麼一點。我們也算了，縣太爺的月薪是四千五百二十元新台幣。這樣一年也不足五萬六千，十年不吃不喝也攢不夠五十六萬。而孝敬上司、送往迎來拉關係和考滿朝覲這三項，就要花費八十萬至三百萬。韓一良沒有說這筆鉅款是幾年的開銷。孝敬上司和送往迎來是年年不斷的，外地官員上京朝覲是三年一次，考滿則需要九年的時間。即使按照最有利於開銷者的標準估計，九年花八十萬，這個大窟窿需要縣太爺全家十四、五年不吃不喝不穿不用才能填平。我還沒有計算養老和防病所必需的積蓄。

相差如此懸殊的人生不等式，怎能做得平？勉強去做，當然不能保證相對體面的生活，不能讓老婆孩子不數叨，不能留下像樣的遺產，弄不好還有頭朝下被領導吊起來的危險。另外，在開支方面還有一個比較的問題。人總會留意自己的相對地位的，都有「不比別人差」的好勝心。而縣太爺每年的那些收入，並不比自耕農強出多少。手握重權的社會精英們，能心甘情願地與自耕農比肩麼？

逼官爲盜

考慮到上述的收支平衡問題，崇禎向韓一良追問五百兩銀子的來歷，便顯得很不通情理，這位在深宮裡長大的皇上畢竟年輕。在邏輯上，他首先要做的不是處罰送銀子的官員，而是計算整個生命週期的帳目，把顯然做不平的預算擺平，然後再號召文官不愛錢。當然，明末財政危機，官吏的人數又多到了養不活的地步，要求大幅度增加工資，純粹是癡人說夢，但這屬於另外一個問題，並不能因此說，造成官員收支的巨大缺口是合理的政策。這種政策就好比牧人養狗，每天只給碩大的牧羊犬喝兩碗稀粥，用這種不給吃飽飯的辦法養狗，早晚要把牧羊犬養成野狗，養成披著狗皮的狼。

現在似乎可以理解支撐韓一良對抗皇上的力量了——這是現實和理性的力量。整個官吏集團已經把俸祿外的收入列入了每年每日的生活預算，列入了十年八年甚至整個生命週期的預算，沒有俸祿外收入的生活和晉升是不可想像的。韓一良沒有力量與現實的規矩對抗，他也沒有打算對抗，並不情願當這樣的清官。作爲最高層的監察官員，韓一良公開向皇上說明，朝廷的正式規矩是無法遵行的。他也把灰色收入視爲理所當然，視爲生活中必不可少的一部分。

這是一個明確信號：在皇上身邊的心腹眼中，俸祿外收入已經在事實上獲得了合法地位。以不同的名目，按不同的數量收授財物，已經成爲未必明說但又眞正管用的潛規則。這就意味著清官從上到下全面消失。與此同時，正式的俸祿制度則成了名存實亡的制度。這套正式制度也確實不配有更好的命運，它就像善於將老百姓逼上梁山一樣善於逼官爲盜。

總之，從經濟方面考慮，清官是很難當的，那時的正式制度懲罰清官、淘汰清官，硬要當清官的人，在經濟上必定是一個失敗者。當然，這裡算的都是經濟帳，沒有重視道德操守。道德操守是官僚集團自始至終賣力揮舞的一面大旗，它翻滾得如此奪目，根本就不容你不重視。我完全承認，道德的力量是有效的，海瑞的剛直不阿可以爲證；但道德的力量又是有限的，海瑞的罕見和盛名也可以爲證。

注釋

❶國際市場上的白銀價格波幅很寬，低可以到每盎司五美元，高可以到每盎司五十美元。這裡以每盎司八美元計算，一盎司爲二十八克多一點。明朝的一兩，大約相當於現在的三十七克多一點。銀子的購買力，在明朝不同時期和不同地區的波動很大，有一兩銀子買七石大米的時候，也有一石大米賣一兩六錢銀子的時候，崇禎年間的米價普遍較高。整個明代平均起來，每石粳米似乎在〇．七兩上下。

❷參見《明史》卷二五八，毛羽健列傳附韓一良。

❸明朝的一石，大約相當於現在一．〇七三石，即一百零七公升。我不知道俸祿米一般是稻穀還是加工好的大米，不知道是粳米還是糙米，還不清楚應該用現在大米的收購價、批發價還是零售價。京官領到的俸祿經常是加工好的大米，當時叫做白糧。根據加工好的白米每石一百六十斤，明朝的一斤爲五百九十克的說法，一石白米爲九十四．四公斤。寫這篇文章的時候，北京每公斤粳米的零售價在二．六元人民幣（新台幣十．四元）左右。本文的計算就是根據這些一概從優的假設。

❹參見《明史》卷七十二，職官志。

❺實際上，當時每月只發給一石大米，每年發十二石，這叫本色，上上下下都是這麼點。其餘部分要折銀、折鈔、折布發放，這叫折色。按照常規，這位正七品的縣太爺每年實際領到手的是十二石大米、二十七．四九兩銀子、三百六十貫鈔（參見萬曆《明會典》卷三十九）。這三百六十貫鈔，名義上頂了三十六石大米（十貫鈔折俸一石），但是較起眞來，由於鈔法不行，貨幣嚴重貶值，這筆錢在市場上未必能買到四石大米。這樣計算起來，明朝知縣每個月的工資只有四千五百二十元新台幣。按照明朝的規矩，官越大，折色所占的比重越大，吃虧越多。

❻參見《典故紀聞》第十五卷。

❼參見《明史》卷二二六，海瑞列傳。

❽參見《明史》列傳六十六。

❾參見《皇清經世文編》卷二十四。

07 惡政是一面篩子

清官和惡棍的混合比例並不是偶然的巧合，而是定向選擇的結果。惡政好比是一面篩子，淘汰清官，選擇惡棍。

漢朝的淘汰格局

東漢中平二年（西元一八五年）二月的一天，皇都洛陽的南宮起火。這場大火燒了半個月，燒掉了靈台、樂成等四座宮殿。古詩十九首中描寫洛陽的皇宮說：「兩宮遙相望，雙闕百餘尺。」兩宮相距七里而可以遙遙相望，門前的兩座望樓竟有百尺之高，由此可以推想皇宮的規模和巨額耗資。皇宮的這場大火攪亂了帝國的財政預算，皇上要給自己家蓋新房，這筆額外開支從哪裡出？

這時，太監張讓和趙忠給二十八歲的漢靈帝出了一個主意，他們建議皇上發出命令，天下田每畝要交十錢。此外，各級官員升官上任，也要先交一筆錢，用於修建宮室。漢靈帝欣然採納了這兩位太監的建議。於是，帝國官員上任之前，一概要到一個叫西園的地方問價交錢。這種勾當看起來很像賣官鬻爵，後來也確實發展成爲赤裸裸的賣官鬻爵。

鉅鹿太守司馬直是個有名的正派人，他接到了一項新的任命，上任前也要交錢。因爲名聲清廉，對他特別優惠，交三百萬即可上任。公平地說，這個要價確實不高。在西元一八八年之前，各郡的太守就是地方最高行政長官，地位近似現在的省委書記兼省長。這個級別的官員的俸祿是每年二千石，按照當時的行情，買這種高官要花上二千萬錢，而人家向司馬直要的錢還不足時價的二成。但是話又說回來，太守每月的正式工資才多少？折成銅錢，不過一萬三千❶。皇上要的三百萬，相當於司馬直十九年的工資。如果不打折，按原價交足二千萬，更相當於太守們一百二十八年的工資。若不搜刮百姓，這筆鉅款從何而來？如何塡補？

東漢收租圖

天下田每畝要交十錢，給皇帝蓋房子。

1923年故宮大火現場

《後漢書》說，司馬直接到詔書，悵然道：「爲民父母的，反而要割剝百姓，以滿足現在的苛求，我不忍心呀。」於是上書，說自己身體不好，請求辭去任命。上邊不批准，司馬直只得上路。走到孟津，快到洛陽門口了，司馬直也做了最後決定。他給皇上寫了封信，極力陳說當時政策的失誤，講古今禍敗的教訓，寫完後服毒自殺。漢靈帝看到他的遺書之後，一時良心發現，暫時停收修宮錢❷。當然這只是暫時的，不久皇上的良心又不見了。

漢靈帝向官員預徵的這筆修宮室的錢，連同後來充分發展爲賣官鬻爵的收入，很像是一筆承包費。皇上派官員下去當官徵稅，治理百姓，並發給他工資，這本來是很清楚的官僚制度，但是皇上和他的參謀們心裡明白：「一稅輕，二稅重，三稅是個無底洞。」在各項正式的賦稅收入之外，多數地方官還有個小金庫，有大量的灰色甚至黑色收入。這是一筆黑灰色的錢，你問起來誰都不承認，實際上數量又不小；管理起來難度很大，但是讓下邊獨吞又不甘心。於是皇上就採取了大包乾的政策：交夠了我的，剩下是你的，不交不許上任。實際上，這是對黑灰色收入的批准、強求和分肥。這條政策一出，本來不收黑錢的清官也非收不可了。這就是司馬直的眞實處境。

司馬直以父母官自命，他遵循的是儒家規範。這本來是官方倡導全國奉行的正式行爲規範，但是當政者對官員的實際要求與這些規範的衝突太大，司馬直除了上疏勸告或者辭職之外，又不能有其他反對的表示，不然就與忠君的要求相衝突，結果他只好用毒藥將自己淘汰出這場僵局。如此激烈的自我淘汰當然是罕見的，不那麼富於代表性。我們還需要講一些比較尋常的故事，同時也進一步看看，那些活蹦亂跳地交錢承包的人，到任之後會做出什麼事來。

明朝的重複

轉眼又過了一千四百多年。明朝萬曆二十四年（一五九七年）三月九日夜，北京紫禁城內的坤寧宮失火，大火蔓延到乾清宮，皇上和皇后的住處被燒了個乾淨。第二年，皇極殿、建極殿和中極殿也失火被燒掉了。於是萬曆皇帝又遇到了漢靈帝的問題：蓋新房的額外開支從哪裡出？萬曆的辦法是開發礦業並增加臨時稅種，親自安排得力的宦官到全國各地開礦，徵收礦稅和店稅、商稅、船稅，收來的錢直接進皇宮，不進國庫，屬於皇上的私房錢。

徵稅不同於賣官鬻爵，屬於皇上的正當權力，難道可以叫惡政麼？這要看怎麼說。按照現代的說法，稅收就是老百姓向政府支付的公共服務費用，可以用於維持社會秩序，保衛國家安全，支付公務員工資，但是不能用來給公僕的家庭建造豪宅，因此萬曆皇帝加稅蓋新房就是惡政。在這個問題上，帝國制度的意識形態當然有不同看法。皇上是什麼人？皇上是天子，是萬民之主，是人間的最高領導。天子要徵一些與公共服務完全無關的稅費，給自己營造宮室別墅和墳墓，供養後宮的眾多佳麗和伺候她們的數以千計的閹人，這是天公地道的事情。這一點，當時的老百姓完全認帳，

萬曆皇帝像

史書上也說他本人很胖。定陵的地下宮殿挖開後，他的骸骨從棺材裡清出來，胡亂扔了。

誰叫人家是皇上是天子的，天命如此，凡人掏錢就是了。

但是，即使是專制帝國，也要遵守一定的規矩。帝國徵收的稅費已經包括了從官員工資到後宮胭脂錢的所有專案，其中皇家占用的比例相當高。譬如正德、嘉靖之後，皇家的伙食費每年要花三十六萬兩白銀，僅此一項就占帝國全年白銀收入的十分之一左右。面對這種類型的收支帳單，老百姓已經老老實實地掏錢結帳了，你盡可以慢慢修你的宮室。反過來說，你提供的公共服務卻充滿了假冒僞劣的貨色，不治水不救災，盜賊遍地，豪強橫行，你這個天子是如何代理天道的？不敢跟你較眞退貨甚至另請高明也就罷了，憑什麼還叫老百姓額外掏錢給你修宮室？這個道理，即使是儒家經典培養出來的帝國官員也知道講不通，於是舉朝上下一片反對之聲，紛紛要求皇上取消礦稅。

萬曆根本就不理睬那些文官的瞎嗡嗡，他派遣閹官去各地辦理此事。閹官乃是皇帝的家奴，通常是文盲，讀不了聖賢書，也沒有後代，並不惦記著對歷史對後代對天下負責，除了討皇上的歡心之外再沒有別的責任和義務。他們需要上繳的稅額也有點承包的色彩：聽說某地有什麼礦，有什麼可徵的稅，可以弄到多少錢，便拍了胸脯帶著親信下去弄。果眞完成了任務當然很好，沒有完成也沒有什麼大不了的。更常見的是完成了任務卻假裝沒有完成，反

萬曆手跡

筆跡專家認為，從這幾個字可以看出內向好靜的性格、正常的智力、遲緩固執和細心。

正皇上也搞不清楚。

陳奉是萬曆特派到湖廣（今湖南湖北）徵稅採礦的閹官，論級別不過是正八品，相當於科級幹部，論權勢則能與省級大官相抗衡。他率領著一幫主動投靠來的親信黨羽橫行湖廣，《明史》上說他「剽劫行旅，恣行威虐」，也就是說，徵稅徵到了與攔路搶劫差不多的程度。他還下令大規模挖墳掘墓找金子。他的黨羽們十分威風，敢在光天化日之下闖入民家，姦淫婦女，有的乾脆將婦女掠入稅監辦公的官署。當地的官員難免有看不慣的，對他的工作就不那麼配合，當地商人和百姓更對他恨之入骨。

有一回，老百姓聽說陳奉要從武昌到荊州徵收店稅，數千人聚集在路上鼓噪起哄，爭著衝他扔石頭。陳奉逃掉之後，便向皇上告狀，點了五個不配合他工作的官員的名字，說他們煽動老百姓動亂。萬曆本來是一個「占著茅坑不拉屎」的皇上，不上班不辦公，所有的請示彙報基本不看，但是對家奴的報告則迅速批示。陳奉告發的五個官員，兩個被抓，三個被撤，其中有兩個還是四品知府[3]。

按說這形勢已經很清楚了，陳奉的來頭太大，惹不起，但是一個叫馮應京的五品僉事偏偏不長眼。萬曆二十九年正月，陳奉擺酒請客，放火箭玩，把老百姓的房子燒了。老百姓擁到陳奉的門口討說法，陳奉派兵出去鎮壓，打死了不少老百姓，又將死者的屍體切碎扔在路上震懾百姓。《明史》上說，湖廣巡撫支可大——當地的最高監察官員——「噤不敢出聲」，而馮應京偏偏上疏向皇上告陳奉的狀。陳奉見馮應京告狀，也反過來告馮應京的狀，說他阻撓皇命，欺凌皇上派來的特使。皇上聽陳奉的，不聽馮應京的，發了怒，貶了馮應京的官，將他調到邊遠的地方去。這時又有兩個實在看不下去的監察官員自己跳了出來，一個是給事中田大益，一個是御史李以唐，他們請求皇上原諒馮應京，說陳奉不好，還說皇上把豺狼派到了天下各地，專門吃好人。皇上更生氣了，你勸我饒他我偏不饒，乾脆下令將馮應京除名。

陳奉這裡則不斷向皇上打報告，他說他派人去棗陽開礦，棗陽知縣王之翰、襄陽通判邸宅、推官何棟如也阻撓破壞，皇上又下令將他們撤職。這時負責監察工作的要員，都給事中楊應文又跳了出來，請求皇上原諒這三位。這些人也不看皇上的臉色，一個接一個地往外跳，很像是成心惹皇上生氣。皇上也眞生了氣，乾脆派錦衣衛去武昌，把陳奉告的那些人全都抓到北京關入監獄，處罰再次升級。

馮應京是個清官，在當地收拾奸豪，制裁貪官汙吏，聲望甚高。錦衣衛到達武昌的時候，老百姓聽說要抓馮應京，竟有人痛哭流涕。陳奉則得意洋洋，一副小人得志的樣子，將馮應京的名字和罪狀大大地寫了，張貼在大街鬧市。老百姓怒不可遏，上萬人包圍了陳奉的住所，陳奉害怕了，就逃到楚王的王府裡，他的六個爪牙沒跑掉，被憤怒的群眾投進了長江，錦衣衛中也有被老百姓打傷的。陳奉躲進楚王府後，一個多月不敢露面，請求皇上讓他回北京。皇上將陳奉召回的時候，這傢伙搜刮的「金寶財物巨萬」，在重兵的護送下，「舟車相銜，數里不絕」。而馮應京被押解時，老百姓「擁檻車號哭，車不得行」。還是馮應京自己穿著囚衣坐在囚車裡勸老百姓不要鬧了❹。

馮應京和另外幾個阻撓陳奉的官員被押到北京後，拷訊關押，三年後才被釋放。那個阻撓開礦的知縣則瘐死獄中。而陳奉回京後什麼事情也沒有，有兩個監察官員說他的壞話，又被皇上撤了職。

陳奉只是萬曆年間諸多的礦使稅監之一。《明史》用了半頁紙點各地陳奉們的名字，陳奉不過是其中的一個，而這一個陳奉的腳下就躺著一片經他手淘汰出局的清官。

大大小小的陳奉們各自率領著數以百計的惡棍黨羽橫行霸道，「吸髓飲血，以供進奉」。進奉給皇上的大概有十分之一，十分之九進了他們自己的腰包，承包利潤高得驚人。結果鬧得「天下蕭然，生靈塗炭」。

定向選擇

最初讀到上邊那些故事的時候，我心裡總有些懷疑，最叫我懷疑的一點，就是礦使和稅監們太壞了。在我的生活常識裡，純粹的惡棍就像純粹的聖人一樣罕見，怎麼皇上派下去的那些宦官竟然是清一色的壞蛋？這未免太湊巧了。我想，中國史書傾向於把太監和女人描寫成禍水，為皇上或者為專制制度開脫責任，恐怕不能全信。

幫助我想通此事的最後一遍重複，是一本描寫一九〇〇年至一九四二年的華北農村的書，那裡講了清末民初北京良鄉縣吳店村的村長變換的故事❺。

清朝末年，良鄉吳店村的公共事務由村中精英組成的公會負責，這些精英通常是比較富裕又受過一些教育的人，社會聲望比較高。當時的捐稅很輕，首事們往往自己交納而不向村民徵收，因為他們更在乎聲望和地位，不太在乎那點小錢。

一九一九年開始，軍閥們在北京周圍爭奪地盤，先後有直皖之戰和三次直奉之戰，軍閥們毫無節制地向村莊勒索後勤供應。這時，不願意勒索村民，自己又賠不起的村長就開始離開公職，而把這個職位當做一種撈油水的手段的人們則頂了上來。這時候出來當村長的兩個人，先後都因貪汙和侵吞公款被縣政府傳訊。賠款出獄後，這樣的人居然還能繼續當村長，因爲沒有好人願意幹。

這就是說，當政權大量徵收苛捐雜稅的時候，比較在乎榮譽的人就從村級領導的位置上退出了，這類人就是司馬直那樣的人物。而替換上來的，通常是敢於也善於徵收苛捐雜稅的人物，譬如陳奉那樣的人物。更明白地說，一個變質的政府，一個剝削性越來越強、服務性越來越弱的政府，自然也需要變質的官員，需要他們泯滅良心，心狠手辣，否則就要請你走人。這就是此前三百年陳奉與馮應京相替換的背景，也是此前一千七百年司馬直自我淘汰的背景。在這種背景下，清官和惡棍的混合比例並不是偶然的巧合，而是定向選擇的結果。惡政好比是一面篩子，淘汰清官，選擇惡棍。

當縣令的滋味

元朝以後的地方行政建制是省、府、縣，承擔行政職能的最底層是里（村莊）。我們已經提到了郡太守（相當於省）、知府和村莊一級的篩選情況，中間還缺一個縣級。在礦使稅監橫行天下的萬曆年間，文學史上著名的散文家袁宏道正在蘇州府的吳縣當縣令，他後來託病辭職了。袁宏道的書信中有許多對自己當官的感覺的傾訴，叫苦連天，讀來卻頗爲眞切。通過這些書信，我們可以進入當時縣級官員的內心世界看一看。

袁宏道寫道：

> 弟作令備極醜態，不可名狀。大約遇上官則奴，候過客則妓，治錢谷則倉老人（治錢谷就是徵稅。倉老人是在最基層徵收皇糧的雜役，經常幹些吹毛求疵剋扣自肥的勾當），諭百姓則保山婆（即媒婆）。一日之間，百暖百寒，乍陰乍陽，人間惡趣，令一身嘗盡矣。苦哉，毒哉。
>
> 作吳令，無復人理，幾不知有昏朝寒暑矣。何也？錢谷多如牛毛，人情茫如風影，過客積如蚊蟲，官長尊如閻老。以故七尺之軀，疲於奔命。
>
> ……然上官直消一副賤皮骨，過客直消一副笑嘴臉，簿書直消一副強精神，錢谷直消一副狠心腸。苦則苦矣，而不難。惟有一段沒證見的是非，無形影的風波，青岑可浪，碧海可塵，往往令人趨避不及，逃遁無地。難矣，難矣。

在袁宏道的感覺中，堂堂縣太爺的角色，對他個人品格的要求就是奴才般的賤皮骨、妓女般的笑嘴臉、搜刮百姓的狠心腸、媒婆般的巧言語、處理文牘的好耐性，總之是一副醜態。在這些醜態裡，搜刮百姓的狠心腸與陳奉之流的作爲是近似的，這裡不再多說。至於伺候上官及討好過客，這些都是官場必需的應酬，其實質是搜刮百姓之後的利益再分配，是民脂民膏的分肥。官場宦游，誰知道明天誰富誰貴？培植關係本來就是正常的投資，不得罪人更是必要的保險。陪著轉轉，一起吃兩頓，送點土特產，照顧點路費，怎麼就把人家說成吸血的蚊蟲？再說，吳縣刮來了民脂民膏別人沾點光，別人刮來了他袁宏道也可以去沾光。這是一張人人都要承擔責任和義務的官場關係網，袁宏道在聖賢書裡沒有讀到這些規矩，居然就如此滿腹牢騷，恐怕要怪他太理想主義了。

袁宏道說，他自己在少年時看官就好像看神仙一樣，想像不出的無限光景。真當上官了，滋味倒不如當個書生，勞苦折辱還千百倍於書生。他說，這就好比嬰兒看見了蠟糖人，啼哭不已非要吃，眞咬了一口，又惟恐唾之不盡。作官的滋味就是這樣❻。

袁宏道的感覺書生氣十足，只能代表一部分被官場淘汰的人。在實際生活中，他惟恐唾之不盡的東西，有的人拚命要從人家嘴裡往外摳，有的人則含在嘴裡咬緊牙關，死死捂住，惟恐被別人摳走。拉關係走後門，巴結討好分肥，樂此不疲者滿世界都是。

皇帝的品德

其實，漢靈帝和萬曆本人都不是惡毒得不可思議的魔鬼。

漢靈帝的最大樂趣之一，就是在後宮裡扮裝小商販，讓宮女們也扮裝成各種商販，做各種買賣，他穿上一身小商販的衣服周旋其間，坐在假裝的酒樓裡喝酒。後代的史學家對此很不以爲然，但是我們似乎也不好責備他心理變態。漢靈帝很有一點馬克思描繪的資本家性格，能在資本的增值中獲得巨大的樂趣，這本來是在人類歷史上大有貢獻的品格。此外，他還是一個可以被感動的人，可以爲了司馬直的一封遺書暫時抑制自己的樂趣。問題是他當了皇上，當了名義上的公眾利益的代表者，這樣的代表顯然不應該以搜刮公眾的財富爲樂趣。但是話又說回來，當不當皇上並不是由他本人決定的。

萬曆也不是純粹的惡棍。馮應京被捕後不久，皇上曾有一次病危，他召來了首輔大臣，對他交代後事，皇上口授的遺囑聽起來通情達理。皇上說：先生到前邊來。我這病一天比一天重了，享國已久，沒什麼遺憾的，佳兒佳婦就託給先生了，請你輔導他當一個賢君。礦稅的事，我因爲宮殿沒有完工，用了這個權宜之策，今可與江南織造、江西陶器一起廢止不要了，派遣出去的內官都叫他們回京。法司也把久繫的罪囚釋放了吧。因爲提建議而獲罪的諸臣都恢復官職，給事中和御史就如所請的那樣批准補用好了。我見先生就是這些事[7]。

由此可見，萬曆心裡也明白是非，不過他的病第二天剛見好，立刻就後悔了，繼續徵他的礦稅，一直徵到十八年後他眞死掉爲止。他似乎是一個很懶惰也很缺乏自制力的人，但任何人都拿他的懶惰和缺乏自制力沒辦法，結果就是惡棍橫行。

惡政選擇了惡棍，惡政本身又是如何被選擇的呢？立皇帝就如同擲色子，皇帝的好壞主要靠碰運氣。以明朝的十六個皇帝論，不便稱之爲惡篩子的不過五、六個，大多數不能算好東西，可見惡政被選中的概率相當高。東漢九個皇帝，不算惡篩子的只有三個，與明朝的惡政出現概率差不多。東漢的多數惡篩子，譬如漢靈帝，登基時還是個小孩子，近乎一張白紙；嘉靖和萬曆之流年輕時還算不錯，後來卻惡得一塌糊塗，可見惡政被培育出來的概率也不低。帝國制度很善於把常人難免的弱點和毛病培育爲全國性的災難。

萎縮的根基

最後該說說交稅的老百姓了。

明周暉在《金陵瑣事》中講了一個小故事。

在礦稅繁興的時候，有一個叫陸二的人，在蘇州一帶往來販運，靠販賣燈草過活。萬曆二十八年，稅官如狼似虎，與攔路搶劫的強盜沒什麼差別。陸二的燈草價值不過八兩銀子，好幾處抽他的稅，抽走的銀子已經占一半了。船走到青山，索稅的又來了，陸二囊中已空，計無所出，乾脆取燈草上岸，一把火燒了。作者評論道：此舉可謂癡絕，但心中的怨恨，不正是這樣麼！

我估計，當地的燈草種植和銷售行業大概也完蛋了。作者也說，重稅造成了萬民失業的結果。這就是惡政和惡棍集團的根基，一個在自我毀滅的循環中不斷萎縮的根基。

《明史記事本末》的作者谷應泰是清朝人，他在記敘礦稅始末的結尾處有一段關於利益集團的精闢分析。他說：

開始是因爲徵礦稅而派設宦官，後來這些宦官的命運就與礦稅連在一起了。開始是因爲宦官諂媚迎合而讓他們徵礦稅，後來這些宦官肥了，便結交後宮，根子越扎越深。

這就是礦稅不容易廢除的原因。由此看來，清朝的史學家已經意識到，惡政可以培育出一個自我膨脹的具有獨立生命的利益集團。這個集團在最高層籠絡皇親、影響皇帝，在官場中清除異己，在各地招收爪牙，在民間吸吮膏血——肥肥壯壯地擴展自己的生存空間，一層又一層地自我複製。勢力所及之處，人們之間的關係越來越不成體統，實施的政策也越來越背離帝國公開宣稱的政策。

惡政與惡棍集團相得益彰，迅速膨脹到老百姓不能承受的程度，一個王朝的循環就臨近終點了。在萬曆死去的時候，距離該輪循環的終點還有二十四年。在漢靈帝賣官鬻爵修復宮殿的時候，離他本人實際上也是東漢王朝的「腦死」日期只剩下四年。

《暴關圖》

稅官如狼似虎，與攔路搶劫的強盜沒什麼差別。

注釋

❶參見《後漢書》志第二十八結尾處，荀綽的《晉百官表注》。
❷《後漢書》卷七十八，張讓列傳。
❸《明史》卷一九三，宦官列傳。
❹《明史》卷二三七，馮應京列傳。
❺杜贊奇：《文化、權力與國家——一九〇〇年～一九四二年的華北農村》第一六五頁。
❻《袁中郎隨筆》，作家出版社，一九九五年，第七十五、八十四、九十四頁。
❼《明史》卷二一八，沈一貫列傳。

08 皇上也是冤大頭

平民百姓的情況，郡縣不夠了解；郡縣的情況，朝廷不夠了解；朝廷的情況，皇帝也不夠了解。開始於一點寬容和隱瞞，結果就是完全的蒙蔽。

糊弄皇上的故事

明朝流傳著一些官場笑話，《萬曆野獲編．補遺》中就記載了有關錢能的兩條。

錢能是成化、弘治年間（一四六五～一五〇五年）的著名太監，奉成化皇帝之命鎮守雲南。鎮守太監這個崗位是明初的洪熙皇帝設立的，皇上不放心下邊的官員，就派那些經常在自己身邊工作的太監下去盯著。應該承認，這樣做是很有必要的。明朝的官員經常糊弄皇上，皇上也建立過一些監督制度，譬如派遣監察御史下去巡查，奈何這些御史也可能被收買，甚至會逼著人家掏錢收買，然後和被監察者一起糊弄皇上。所以，派遣家奴們下去替皇上盯著，這已經是「上有政策下有對策」式博弈的第三回合了。皇上被逼無奈，到此亮出了最後的武器。試想，不派家奴他還能派誰？而且仔細想來，太監不好色，沒有老婆孩子，一個人吃飽了全家不餓，應該比一般官員的私欲少些。設身處地替皇上想想，我們不能不敬佩皇上選賢任能的良苦用心。

問題在於，錢能之類的最後預備隊也樂意被收買。更要命的是，鎮守太監們權力極大，有合法傷害眾人的能力，下邊便不敢不來收買。

當時雲南有個富翁，不幸長了癩。富翁的兒子偏偏又是一位有名的孝子，很爲父親的病痛擔心。於是錢能把這位孝子召來，宣布說：你父親長的癩是傳染性的，要是傳染給軍隊就糟了。再說他又老了。現在，經研究決定，要把他沉入滇池。孝子嚇壞了，立刻就想到了收買。他費了許多心思，掏了一大筆錢，反覆求情，最後總算取得了領導的諒解，撤銷了這個決定。

當時雲南還有個姓王的人，靠倒賣檳榔發了財，當地人都叫他檳榔王。錢能聽說了，便把這位姓王的抓了起來，道：「你是個老百姓，竟敢惑眾，僭越稱王！」書上沒有仔細描繪這位檳榔王的反應，但我敢肯定，無論是什麼季節，他聽到這個罪名之後一定汗如雨下。擅自稱王就是向皇上宣戰，誰抓住這個王，誰的功勞就大得足夠封侯了。檳榔王深知這個罪名的厲害，他不惜一切代價消災免禍，史書上說他「盡出其所有」，才算逃過了這一劫。

《萬曆野獲編》的作者說，錢能的貪虐，古來無有。後來，在鎮守雲南的官員中，貪求無厭的人也不少，但是聽說錢能做的這兩件事，沒有不失笑的。《萬曆野獲編．補遺》完成於萬曆四十七年（一六一八年），作者沈德符是浙江嘉興人，與錢能的精采演出相隔一百五十餘年，相距約兩千公里。可見此事流傳之久遠。

明朝的中後期也存在失業問題。人多地少，人口過剩，在生存資源的競爭中失敗的人們，最後便淪爲流民。追究起來，明朝在很大程度上就亡在流民手裡。沒有流民，老百姓安居樂業，闖王恐怕只能當個小團夥的頭頭。甚至闖王李自成本人也不

清朝太監合影

太監是皇上的家奴，派家奴下去監督是皇帝的最後手段。

會去闖，他沒有土地，又被驛站（郵電局兼招待所）裁員下崗，走投無路才加入了老闖王的團夥。錢能啃淨了檳榔王，其作用正是製造李闖王。本來那位檳榔王可以給眾多農民和小商販帶來生意，現在其中一些人卻要失業甚至成爲流民，從這個角度看，錢能啃的是皇上的命根子。考慮到本來還會有很多人願意學習檳榔王，創造出更多的生意和就業機會，而檳榔王等人的遭遇卻將他們嚇了回去，錢能的影響就更顯得要命了。

性質如此要命，並且影響久遠的一個禍害，皇上又是怎麼對付的呢？

皇上依靠耳目了解情況，御史和鎮守太監都是皇上的制度性耳目，他們之間也有互相監督的義務。成化六年（一四七〇年），巡按雲南的御史郭瑞❶給皇上寫報告，專門彙報了鎮守太監錢能的情況。郭瑞說：「錢能剛強果敢，大有作爲，實現了一元化的領導。如今錢能生了病，恐怕要召還京師休養。乞求皇上聖恩，憐憫雲南百姓，永遠令他鎮守雲南。」皇上回答說，知道了。

耳目把皇上糊弄了。《萬曆野獲編》的作者沈德符咬牙切齒地說：「錢能這個大惡棍，爲天下人所痛恨，而郭瑞竟以監察官員的身分上奏保他，就是把郭瑞一寸一寸地剮了，也不足以彌補他的罪過。」但這只是氣話。郭瑞似乎並沒有出什麼事，沒人去追究他。矇騙皇上又怎麼樣？矇了還不就是矇了。由此看來，皇上是個容易糊弄的冤大頭。

錢能糊弄皇上連連得手，就有點不知天高地厚，開始打交阯（即越南）和雲南少數民族的主意。這在任何朝代都是一個危險而敏感的領域，事關邊疆的穩定，動靜很大，而且外族又不在你的治下，出了問題就不容易壓住。果然，錢能派出的親信惹出了麻煩。朝廷擔心了，就派著名的清官，右都御史（監察部常務副部長）王恕去雲南調查。王恕爲人剛正清嚴，數年後國內將傳開兩句民謠：「兩京十二部，獨有一王恕。」兩京指首都北京和留都南京，每一京設有吏、戶、禮、兵、刑、工六個大部，這是明朝全套高幹班子。可見王恕聲望之隆。

王恕很快就查清了錢能的問題，向皇上奏了一本。其中最有份量的幾句話是：「當年在越南問題上，就因爲鎮守太監選錯了人，以致一方陷落，今日之事比當年還要嚴重。爲了安定邊疆，陛下還吝惜一個錢能麼？」王恕的這筆利害關係帳替皇上算得很透徹，錢能害怕了，立刻託自己在皇上身邊的太監哥兒們活動，將王恕召回。王恕很快被調任南京監察部當領導，錢能之圍立解，一點事也沒有了。

不僅沒事，錢能還繼續走運，先回北京跟皇上說了些王恕的壞話，攛掇皇上派了他一個苦差事。錢能自己則當上了南京守備，鎮守南京軍區。以職務而論，南京守備比鎮守太監更顯赫。南京是大城市，又是留都，生活條件比雲南強多了。大名鼎鼎的太監鄭和，當年下西洋回來，也就當了個南京守備❷。

這個故事就好比家奴糊弄財主。家奴天天偷吃主人的雞鴨豬狗，主人還給他加工資發獎金。家奴把主人的田地宅院偷偷賣了，主人還提拔他當管家。有人路見不平，揭發了家奴，主人不但不懲罰家奴，反而打了揭發者一巴掌。這樣的主人，不是冤大頭又是什麼？

以上說的皇上是成化皇上朱見深。這位皇上身材粗壯，說話有些結巴，反應也有些遲鈍，但是心眼並不壞，奈何在去世前的十多年裡，三十多歲的皇上迷上了春藥和房中術，沉溺其中不能自拔，受到一個善於影響他的貴妃及其親信太監汪直的控制。輔佐這位皇上的大臣也不得力，當時京城內外有「紙糊三閣老，泥塑六尚書」之說，可見那幾位總理副總理和政府部長尸位素餐、混事糊弄的德行。這樣的皇上不說也罷。

成化皇上的兒子弘治皇上，則是一個極其難得的好皇上。他身材瘦弱，據說長著明亮的眼睛和稀疏飄逸的鬍鬚。這位年輕人滿懷儒家的理想主義精神，對人生意義之類的問題感興趣，而且努力按照聖人的教導嚴格要求自己。可惜十七歲即位，三十五歲就去世，只當了十八年皇上。在這樣一位好皇帝的治下，錢能的命運又將如何呢？

一四八七年九月十七日，弘治皇上登基。第二年年底，戶部員外郎（財政部副司長）周時從上疏，請求依法懲辦先朝遺奸汪直、錢能等輩，同時考核兩京和各地的鎮守太監。面對共同威脅，宦官集團迅

明憲宗行樂圖

錢能的主子朱見深。這位皇帝身材粗壯，說話有些結巴，三十多歲時迷上了春藥和房中術。

速反擊。他們仔細研究周時從的奏書，挑出了一個書寫格式方面的錯誤。本來，在提到皇上、祖宗、社稷、宗社之類尊貴詞的時候，一定要另起一行，越出格外，頂著天書寫，就好像文革中報紙上引用最高指示一定要用黑體字印刷一樣，而周時從奏中的宗社就沒有越格。這不是蔑視宗社嗎？於是將周時從逮捕，交司法部門處治。錢能又平安無事了❸。

錢能最終也沒出什麼事。《明史》上說完他的經歷，最後交代了一句「久之卒」，似乎得了善終。《萬曆野獲編》說他在弘治末年老死京師，弘治的兒子正德皇上登基，又賜葬最勝寺，哀榮也不算差了。不是說天網恢恢，疏而不漏麼？不是說善有善報，惡有惡報麼？錢能怎麼就一漏再漏，作惡多端仍有善報呢？沈德符說，這使人們懷疑，究竟還有沒有天道。

當時的人們顯然不肯接受這種現實，就編了一個故事，說錢能的養子錢寧負責掌管他的鑰匙，為了得到他的遺產，在他生病的時候下了毒藥，把錢能毒死了。沈德符說，如果是這樣，錢能也就不算漏網了。大家的心情是可以理解的，但是這個故事編得顯然不合情理。除了錢寧這麼一個養子，錢能在中國再不認得別的親戚，遺產不給他又給誰？連鑰匙都掌握在手裡了，又無須親自端屎端尿，何必給一個垂死的老人下毒呢？順便交代一句，錢寧確實不是好鳥。後來他當了正德皇上的乾兒子，皇上賜他姓朱，他的名片上就寫著：「皇庶子朱寧」。朱寧掌管特務機構，在政界的實際地位排在最前邊的三五位裡，比養父還有出息。

資訊關卡與資訊戰

錢能一而再、再而三地蒙混過關，並不是什麼個別例外，即使勵精圖治的弘治皇帝，也經常被人糊弄得一塌糊塗。

弘治十七年（一五〇四年）六月的一天，弘治皇上召見兵部尚書（國防部長）劉大夏。當時皇上三十四歲，已經登基十七年；劉大夏年近七十，進士出身，但工農兵和財政監察都管過，中央地方都幹過，可謂閱歷豐富。皇上召見劉大夏，是爲了追問一句話。

起初，皇上任命劉大夏當兵部尚書，劉大夏說身體不好，推辭了多次，但皇上堅持讓他幹，劉大夏只得上任。見到劉大夏，皇上誠懇地問道：「朕好幾次任用你，你好幾次以病推脫，這到底是爲什麼？」劉大夏回答得也很誠懇，說：「臣老了，而且有病。依我看，天下已經到了民窮財盡的地步，萬一出了亂子，兵部就要負起責任。我估量自己的能力不足以解決問題，所以推辭。」皇上聽了，默然無語。

劉大夏對形勢的判斷，使皇上深感震動。現在，皇上特地將劉大夏召到便殿，追問道：「你以前說過一句話，說天下民窮財盡。可是祖宗開國以來，徵斂有常，怎麼會到今天這種地步呢？」

劉大夏說：「問題就在於徵斂無常。譬如廣

劉大夏像

皇帝身邊的好幹部。

西每年取木材，廣東每年取香藥，都是數以萬計的銀子。這類小事尚且如此，其他就可想而知了。」

皇上又問軍隊的狀況，劉大夏說：「和老百姓一樣窮。」

皇上又想不通了，說：「軍隊駐紮每月發口糧，出征還發出征補貼，爲什麼會窮呢？」

劉大夏說：「那些將領們剋扣軍糧的比例超過一半，又怎麼會不窮呢？」

皇上歎息道：「朕當皇帝已經很久了，竟不知道天下軍窮民困，我憑什麼爲人之主呀！」於是下詔嚴禁❹。不過，從後來的情況看，仍舊是禁不住。

現在我們知道在位十七年的皇上究竟被糊弄到什麼程度了：原來他眼中的世界只是祖宗常法和正式規定構成的世界。的確，按照正式規定行事，軍民都不該這麼窮。問題在於，他治下的世界，在很大程度上是由一些見不得人的潛規則支配運行的。錢能敲詐並走運的個案已經證明了這一點，大規模民困軍窮的現實也表明，這種規則已經通行天下。而皇上對這類聖人不講、書上不寫的潛規則幾乎全然不知。他可眞天眞呀。

我得聲明一句：在皇上身邊工作的幹部，大多數還是好的或比較好的。著名的清官王恕當了一段吏部尙書（中組部長），選拔推薦了一大批劉大夏這樣正直能幹的人，史書上說：「一時正人充布列位。」這在明朝要算相當難得的一段好時光。那麼，皇上怎麼會被糊弄到不了解基本狀況的程度呢？他身邊的好幹部對情況又了解多少？

也是在弘治十七年，禮部尙書兼文淵閣大學士（近似中宣部和外交部部長兼國務院副總理）李東陽奉命去山東曲阜祭孔。一路上他看到了許多出乎意料的現象，感慨良多。回到北京後，李東陽給皇上寫了份彙報，描述了親眼見到的形勢，分析幾條原因。李東陽是當時的大筆桿子，這份上疏又寫得直言不諱，一時廣爲傳誦。

李東陽的上疏大意如下：

臣奉命匆匆一行，正好趕上大旱。天津一路，夏麥已經枯死，秋禾也沒有種上。挽舟拉縴的人沒有完整的衣服穿，荷鋤的農民面有菜色。盜賊猖獗，青州一帶的治安問題尤其嚴重。從南方來的人說，江南、浙東的路上滿是流民逃户，納稅人户減少，軍隊兵員空虛，倉庫裡的糧食儲備不夠十天吃的，官員的工資拖欠了好幾年。東南是富裕之地，承擔著稅賦的大頭，一年之饑就到了這種地步。北方人懶，一向沒有積蓄，今年秋天再歉收，怎麼承受得了？恐怕會有難以預測的事變發生。

臣如果不是親自經過這些地方，儘管在政府部門工作已久，每天還接觸文件彙報和各種材料，仍然不能了解詳細情況，更何況陛下高居九重之上了。

臣在路上作了一些調查，大家都説現在吃閒飯的太多，政府開支沒有章法，差役頻繁，稅費重疊。北京城裡大興土木，奉命施工的士兵被榨得力盡錢光。到了部隊演習操練的時候，寧死也不肯去。而那些權勢人家、豪門巨族，土地已經多得跨越郡縣了，還在那裡不斷請求皇上的賞賜。親王到自己的封地去，供養竟要二、三十萬兩銀子。那些遊手好閒之徒，託名爲皇親國戚的僕從，經常在渡口關卡都市的市場上徵收商稅。國家建都於北方，糧食等供應依賴東南，現在商人都被嚇跑了，這絕對不是小問題。更有那些織造內官，放縱眾小人搜刮敲詐，運河沿線負責政府稅收的官吏也被嚇跑了。小商販和貧窮百姓被攪得騷動不安，這些都是臣親眼看見的。

平民百姓的情況，郡縣不夠了解；郡縣的情況，朝廷不夠了解；朝廷的情況，皇帝也不夠了解。開始於一點寬容和隱瞞，結果就是完全的蒙蔽。寬容和隱瞞在開端處很小，蒙蔽的結果則禍害很深。

臣在山東的時候，聽說陛下因爲天災異常，要求大家直言無諱地反映情況。然而，儘管聖旨頻頻下發，下邊上的章疏也充分反映了情況，一旦事情涉及到內廷和貴戚的利益，幹什麼事都被掣肘，成年累月地拖延，最後都被阻止了，放棄了。我恐怕今天的這些話，還要變成空話。請皇上把從前的建議找出來，仔細研究選擇，決斷實行。

皇上看了，稱讚了一回，又感歎了一回，批轉給了有關方面。

在上述事件、情景和當事人分析的基礎上，我們也可以做一個總結了。

李東陽說了：「老百姓的情況，郡縣不夠了解；郡縣的情況，朝廷不夠了解；朝廷的情況，皇帝也不夠了解。」這大意是不錯的。不過，按照他的說法，老百姓和皇帝之間只隔了兩道資訊關卡，即郡縣和朝廷。實際上，在充分展開的情況下，老百姓和皇帝之間隔著七道資訊關卡。直接接觸老百姓的是衙役，這是第一關；衙役要向書吏彙報，這是第二關；書吏再向州縣官員彙報，這是第三關；州縣官員向府一級的官員彙報，這是第四關；府級向省級官員彙報，這是第五關；各省向中央各部彙報，這是第六關；中央各部向內閣（皇上的祕書班子）彙報，這是第七關；資訊到達終點站皇上面前的時候，已經是第八站了。這還沒有算府、省、中央各部的科、處、局和祕書們。即使在最理想的狀態下，也不能指望資訊經過這許多層的傳遞仍不失眞。

更何況，資訊在經過各道關卡的時候，必定要經過加工。在無數資訊之中，注意了什麼，沒注意什麼，選擇什麼，忽略什麼，說多說少，說眞說假，強調哪些方面，隱瞞哪些方面，什麼是主流，什麼是支流，說得清楚，說不清楚，這都是各級官吏每天面對的選擇。

在權力大小方面，皇上處於優勢，官僚處於劣勢；但是在資訊方面，官吏集團卻處於絕對優勢。封鎖和扭曲資訊是他們在官場謀生的戰略武器。你皇上聖明，執法如山，可是我們這裡一切正常，甚至形勢大好，你權力大又能怎麼樣？我們報喜不報憂。我們看著領導的臉色說話，說領導愛聽的話。我們當面說好話，背後下毒手，難道有誰能天眞地指望錢能向皇上彙報，說我最近成功地完成了兩次敲詐勒索麼？如果幹壞事的收益很高，隱瞞壞事又很容易；如果做好事代價很高，而編一條好消息卻容易，我們最後一定就會看到一幅現代民謠所描繪的圖景：「村騙鄉，鄉騙縣，一級一級往上騙，一直騙到國務院。」

當然還有監察官員，包括御史、給事中和錢能那樣的宦官。這是一個控制了資訊管道的權勢集團，他們的職責是直接向皇上反映眞實情況。反映眞實情況難免觸犯各級行政官員的利益，於是他們很可能被收買所包圍，收買不了則可能遭到反擊。一般說來，收買的結局對雙方都是有利的，對抗於雙方都是有風險的。這方面的計算和權衡正是「關係學」的核心內容。官場關係學問題說來話長，以後再細說。反正，最後的結果是合乎邏輯的，這就是監察系統中說眞話的人趨於減少。到了最嚴重的時期，譬如《萬曆野獲編．補遺》說到的嘉靖末年，上邊的恩寵和下邊的賄賂互相促進，上下彼此矇騙，作者竟說，他沒聽說過向皇上揭發貪官汙吏之類的事情。貪贓枉法者無人揭發，這就意味著監察系統的全面失靈，皇上整個瞎了。

最終擺到皇上面前的，已經是嚴重扭曲的情況。在這種小眼篩子裡漏出的一點問題，擺到皇上面前之後，也未必能得到斷然處理。皇上的親戚和親信將拖延和減弱皇上的懲辦決定。這也難爲普通的皇上們，就連毛澤東主席那樣的雄才大略，他的祕書田家英還說他「能治天下，不能治左右」，還有江青在旁邊搗亂，我們怎麼好苛求那些在皇宮裡長大的年輕人呢？

總之，都說皇上如何威嚴了得，而我們看到的分明是一個塊頭很大卻又聾又瞎的人。他不了解情況，被人家糊弄得像個傻冒，好不容易逮住一個侵犯了他家的根基的人，想狠狠揍他一頓，左右又有親信拉手扯腿，說他認錯了人。說不定這人還眞是他的親戚。皇上本來就夠孤獨無助了，就算有點懷疑自己的親信，總不能連他們一併收拾了吧？

持久戰的勝負結局

在明朝二百七十六年的歷史上，弘治皇帝恰好走在半途。他的處境並非他個人所獨有，他只是一個長期持續的過程中的一環。這是一場持續了一代又一代，無休無止，看不見盡頭的君臣博弈，是一場一個人對付百人千人的車輪大戰。別的朝代不說，在明朝，從開國皇帝朱元璋征討殺伐開始，到亡國皇帝崇禎上吊結束，我們到處都能看到這局下不完的棋。

朱元璋平定中國之前，中國的形勢很像是一場四國演義。朱元璋先吞了西邊的一個，又惦記著吞東邊的張士誠。他派人打聽，聽說張士誠住在深宮裡養尊處優，懶得管事，就發了一通感慨：

> 我諸事無不經心，法不輕恕，尚且有人瞞我。張九四（士誠）終歲不出門，不理政事，豈不著人瞞！

平定中國之後，朱元璋建立特務網，監督官員，努力維持著處罰貪官汙吏的概率和力度。不斷地發現，不斷地處罰，不斷地屠殺。但是這局棋似乎總也沒個了結。朱元璋說：「我想清除貪官汙吏，奈何早上殺了晚上又有犯的。今後犯贓的，不分輕重都殺了！」❺

在這段話裡，我聽出了焦躁和疲憊，這種不耐煩的感覺將直接影響對局者的戰鬥意志。一旦鬆懈下去，失敗就要降臨了。朱元璋是個責任感很強，很有本事的人，也是吃苦耐勞的意志堅強的人。他都不能取得徹底勝利，他的那些在深宮裡長大的後代能超過祖宗麼？

兩個世紀之後，一六四四年四月二十四日，李自成兵臨北京。二十五日午夜剛過，崇禎皇上來到景山的一棵樹下，他要把自己吊死在這棵樹上。崇禎在自己的衣襟上寫了遺書，但他最終怨恨的似乎並不是李自成，而是不斷糊弄他的官僚集團。他寫道：

「我自己有不足，德行不夠，惹來了上天的怪罪。但這一切，都是由於諸臣誤我。我死了沒臉見祖宗，自己摘掉皇冠，以頭髮遮住臉，任憑你們這些賊分裂我的屍體，不要傷害一個百姓⑥。」

崇禎的怨恨自有道理。他在位十七年，受到了無數慘不忍睹的矇騙糊弄，直到他上吊前的幾個月，他的首輔（宰相）周延儒還狠狠地糊弄了他一回，把一次根本就沒打起來的戰役吹成大捷，然後大受獎賞。這場根本就不存在的大捷是周延儒親自指揮的，就發生在離北京不過幾十里地的通縣，在皇上的眼皮底下。

一般而論，皇上和官吏集團是這樣過招的：皇上說，你們都要按照我規定的辦，聽話者升官，不聽話者嚴懲。官員們也表態說，臣等鞠躬盡瘁，死而後已。

實際上，必定有人利用一些小機會，試探性地違法亂紀一下。結果如何呢？一般來說，什麼事都沒有。皇上並不是全知全能的神仙，威脅中的雷霆之怒並未降臨。於是這位占了便宜的官吏受到了鼓勵，尋找機會再來一次。背叛一次，沒有反應；再背叛一次，還沒有反應。即使你本人沒有進行這類試探，也會看到其他人的試探結果。你會得出一個結論：撐死膽大的，餓死膽小的。用不了多久，大家便認清了皇上的真面目。原來皇上是個冤大頭。你糊弄了他，占了他的便宜，撈了他一把，他照樣給你發工資，照樣給你印把子，照樣提拔你升官。

皇上的這種冤大頭特徵，對官場有著重大而深遠的影響。皇上是官場主任，是領導班子的班長，是官場上種種正式規則的法定維護者。正式規則「軟懶散」，潛規則就要支配官場，而以收更多的費、幹更少的活兒爲基本特徵的潛規則，勢必造就大批的貪官汙吏，造就大批的錢能，同時降低清官的比重。當然反過來也可以說，如果皇上明察秋毫，天道報應不爽，勢必造就大批清官，甚至能把貪官汙吏改造成好人。

譬如錢能，大家都知道他滿肚子壞水。後來他當了南京守備，類似南京軍區政委。不幸的是，他的對頭，「兩京十二部，惟有一王恕」的那個王恕，也去南京當了兵部尚書（國防部長），正好管著錢能。王恕的才幹足夠對付錢能，鬥爭的弦兒想必也繃得很緊。在王恕的威懾之下，錢能表現得極其謹慎，他甚至很佩服王恕，對人說：「王公，天人也。我老實恭敬地給他幹活就是了。」❼由此看來，錢能天良未泯，知道善惡是非，只是缺乏管束，讓冤大頭慣壞了。如果皇上不是冤大頭，錢能未必不是一個「治世之能臣」。

最後還得做兩點修正。

第一，說皇上是個冤大頭，只是泛泛而論。朱元璋殺官如麻，為了一個開空白申報單問題（史稱空印案），竟然不問青紅皂白，殺掉了數百個在「空白介紹信」上蓋章的官員。如此過激的反應，不僅不是冤大頭，連「睚眥必報」的形容也顯得太弱了。不過，明朝十六個皇帝，像朱元璋這樣睚眥必報的也就一個半。放寬標準可以算兩個半，百分之十幾而已。所以，我們說皇上是個冤大頭，準確性在百分之八十以上。

第二，我們說皇上是冤大頭，是把皇上當成天道的代理人來說的。他作為個人可能非常貪婪、非常苛刻，斤斤計較，甚至帶頭糊弄天道。對這樣甘願當敗家子的皇上，我們也就不好說他是冤大頭了。天道才是冤大頭呢。

注釋

❶《萬曆野獲編・補遺》卷三「御史阿內侍」作「郭瑞」，《明史》卷三〇四作「郭陽」。
❷參見《明史》卷一八二，王恕列傳。
❸參見《明通鑑》紀三十六，弘治元年十一月甲申。
❹參見《明通鑑》紀四十，弘治十七年六月。
❺劉辰《國初事蹟》，轉引自吳《朱元璋傳》第一〇八、一九六頁。
❻《明史》卷二十四，莊烈帝二。
❼同註❷。

09 擺平違規者

清官究竟在哪裡呢？清官光榮地犧牲了，成了大家的好榜樣。同流合汙的利益和風險與當清官的利益和風險比較，究竟哪頭大？

山西官場危機

清道光十九年（一八三九年）年底，山西官場出現危機：介休縣一位姓林的縣令向省政府遞交了一份報告，告發一串高級官員的違法亂紀行爲，並懇請將報告轉奏皇上。林縣令的揭發屬於正式公文，不是可以隨便扣壓的告狀信或匿名信，省長不能隱瞞不報。可是林縣令的揭發實在叫人看了害怕。他揭發的內容共二十二項，其中最要命的一條，竟是告發欽差大臣接受厚禮❶。

林縣令揭發說，在欽差大臣來山西的時候，比如前不久湯金釗大學士和隆雲章尚書分別駕到，總要由太原府（類似現在的太原市政府）出面，以辦公費的名義向山西藩司（近似省政府，主管財稅和人事）借二萬兩銀子招待欽差。事後，再向下屬攤派，每次攤派的數目都有三、五萬兩銀子。

三、五萬兩銀子不是小數。當時福建一帶家族械鬥，雇人打架，一條人命不過賠三十兩銀子，這三、五萬兩銀子可以買上千條人命。當時在江南買一處有正房有偏房的院子，價格不過一、二百兩銀子，這三、五萬兩可以買二三百處院子。若以糧價折算，這筆款子大約在四千萬新台幣上下。同時，林縣令所告的大學士更是舉足輕重的人物，其地位近似現在的政治局候補委員或國務委員，尚書也是中央政府的正部長——那時候中央政府可只有六個部，不像現在有好幾十個。

林縣令揭發的問題，其實是一項地方官員與欽差大臣交往的潛規則，當時叫做「陋規」。

陋規二字，在明朝的文獻裡便經常出現了，而陋規二字所指稱的行爲，在春秋戰國時代便不稀罕了，堪稱源遠流長。陋，自然不好明說，說起來也不合法，但雙方都知道這是規矩，是雙方認可的行爲準則，是彼此心照不宣的期待。欽差一出京就知道會有這筆收入，地方官員也知道欽差得了這筆收入，會盡量關照本省，凡事通融，至少不會故意找麻煩。送錢的具體方式也隨著時代演變，原來是作爲盤費交給欽差帶走，後來欽差不肯帶了，地方便等他們回京後通過匯兌送到家裡。總之，雙方配合早已默契，違規才是意外。大概正由於這種習以爲常，太原府的領導們也就放鬆了警惕，竟然親筆給下屬寫信，要求攤派款項，並送太原府匯總。林縣令手裡拿著這些證據，其中包括首道姜梅（類似太原市委書記）的親筆信，眞稱得上鐵證如山。

清朝官員的合影

此外，藩司（即布政使司，近似現在的省政府）在給縣裡辦事的時候，經常索取額外費用，收取各種名目的好處費。在中央這叫部費（如今大概叫跑部費，不如古稱簡潔），在地方則統稱使費。這一切都是官場中的潛規則，是心照不宣的內部章程，如今全被林縣令抖摟出來了，並且有藩司官吏開出的收據爲證，誰也別想抵賴。

據說，藩台（布政使，近似省長，爲二把手）張澧中接到林縣令的揭發，一連數夜睡不著覺。這些事都有他的份，奏到皇上那裡，肯定沒他好果子吃。可是擅自扣壓給皇上的奏章，恐怕罪過更大，最終也未必捂得住。經過幾個不眠之夜的權衡，不得已，張澧中向楊國楨巡撫（近似山西省省委書記，一把手）請示彙報。

楊巡撫剛調到山西不久，正在雁北視察。看了張省長的彙報材料，很是驚愕——不是爲欽差費和使費驚愕，而是爲山西官員的「不上路」而驚愕——連官場共同遵守的「陋規」都要告發，山西官員未免也太「生」了點。楊巡撫把張藩台的彙報給陪同他視察的朔平知府（近似現在的雁北地區行署專員）張集馨看了，問道：山西的吏風怎麼如此荒謬呀？張集馨清楚山西官場上這段恩怨的內幕，答道：這是激出來的。

不能白守規矩

介休的林縣長並不是埋伏出擊的清官，也不是生瓜蛋子。他是個老滑的官吏，很懂得官場上的潛規則，也認眞遵守這些規矩。領導讓他攤派，他就攤派，上級部門索取好處，他就送上好處，並沒有抗拒的意圖。但是上級領導卻有不守規矩的嫌疑。

幾個月前，山西接到皇帝的一道指示，說據汪御史（近似現在中紀委的處長）彙報，平遙縣大盜張金鈴的兒子結夥輪姦婦女，並將女人的小腳剁下，如此重案地方官卻不緝拿嚴辦。皇帝命令立刻嚴拿懲辦。接到皇帝的命令，山西立刻緊急行動，委派張集馨去平遙介休一帶調查處理。

據張集馨說，他去介休調查的時候，林縣令送這送那，他本人一概不要。林縣令再三苦求，他才收下一、兩種食物，其他東西全部推掉。由此可見，林縣令是很懂規矩的。送禮還要「苦求」人家收下，這正是規矩的一部分，目的是讓領導實利和面子雙豐收，既當婊子又立牌坊。張集馨描繪說，因爲他只收下一、兩種食物，「林令以爲東道缺然，心甚不安」。這更證明林縣令懂規矩。他知道怎樣做東道，人家不讓他遵循東道的規矩就不安心，可見這規矩已經深入心底。

不過，對方不按照規矩收禮也暗示著另外兩種可能，第一是人家要公事公辦、不徇私情。御史已經告地方官失職了，公事公辦當然令人擔憂。第二種可能是嫌你送得少，要敲你一筆狠的，這便是危險的跡象了。張集馨明白林縣令的擔憂，遇到輪姦剁足案之外的百姓上訪控告，一概按常規送交林縣令的上司，自己並不插手，毫無搜羅敲詐理由的意思。於是林縣令的顧慮打消了，感到自己欠了張集馨的情。這種領情再一次證明了林縣令懂規矩：他承認，人家本來是應該多吃多占、收禮受賄的。

輪姦剁足案很快就有了結果。大盜張金鈴的兒子被拿獲了，但是只承認盜竊，不承認輪姦剁足。張集馨查了報案紀錄，訪問了鄉紳，也說沒有這種案子。查來查去，了解到一個傳聞，說介休縣某貢生的女眷花枝招展地在村裡看戲，被盜賊看中，尾隨入室強姦，最後還把女人的弓鞋脫走了。張集馨又傳來貢生，反覆開導，貢生只承認家裡被盜，堅決不承認有輪姦之類的事。

這案子本來就可以結了，但皇上交辦的案子，查來查去卻說沒那麼回事，不過是一起尋常的盜竊案，總有不妥的感覺。正好原山西巡撫去世，新的一把手接任，下令再查。二把手張灃中藩台接受了任務，委派他信任的虞知府赴介休調查，這一查就查出了毛病。

卻說虞知府到介休後，百般挑剔，要這要那，日夜縱酒，甚至挾優宿娼。這一切林縣令都忍了，畢竟人家是來查自己的，處理此事的權力在人家手裡，要什麼給什麼就是。鬧了兩個月，得出的結論與張集馨並無不同，虞知府也玩夠了，滿載而歸。回到省裡，向皇上寫了彙報，大意是事主只承認盜，不承認姦。這關係到兩家的臉面，一經供認，鄉里鄉親難以見人。反正盜犯已經問斬，輪姦屬實也不過如此了，建議就此結案。皇上同意，還誇獎說辦得好。

如此說來，介休的林縣令並沒有隱瞞失職之處，自然不該處分。但是御史既然告了，總要給人家一個面子，虞知府就攛掇張藩台把林縣令在另外一起案子上隱瞞不報的錯誤附帶上奏，結果中央下令，將林縣令「斥革」。林縣令雞飛蛋打，白守規矩了，白白巴結上司了。

林縣令的反擊是極其兇悍的。我們知道他憑著鐵證揭發了欽差大臣，揭發了省政府，揭發了太原府。他還揭發了虞知府，並且把幫助虞知府找娼妓的差人的供詞，把虞知府嫖過的娼妓的供詞一併搜集齊全，顯示出很高的專業水平。只要把林縣令的報告往北京一送，山西乃至全國就要興大獄了。

危機處理

在官場中，違反潛規則的現象並不常見。我在讀史書時留心搜集數月，收穫寥寥。時間長了，我也想通了其中的道理。違反潛規則，意味著互動中的某一方要擅自漲價或者壓價。這不是小事，簡直就是搶劫錢財。除非雙方的造福或加害能力發生顯著變化，潛規則是不能隨便修改違背的。而帝國體制延續兩千多年，利害格局已經相當穩定，雙方都認識到，遵守這套成規對自己最有利。這就好比交易，一個願買一個願賣，不成交對雙方都沒有好處。既然是交易，拿人錢財就要替人消災。拿了人家的東西還要害人家，對無力反抗的小民可以，在官場上則難免遭到報復。

在虞知府與林縣令的關係中，林縣令已經盡了東道的責任，連娼妓都幫他找了，虞知府還要攛掇張藩台出賣林縣令，從潛規則的角度說，這就是虞知府不對。

在張藩台與林縣令的關係中，林縣令也算小心伺候了。省政府辦事索取使費，介休就老老實實地給，並沒有說三道四。招待欽差大臣本來並不是林縣令的直接責任，欽差大臣得了數萬兩銀子，只能領幾個省市領導的人情，絕對不會領他林縣令的人情，但是上級攤派下來，林縣令並沒有說二話。他買的是省市領導的面子。既然林縣令已經盡到了在陋規中的責任，並沒有露出公事公辦的臉色，省市領導也就有義務替他擔待遮掩，不能再擺出公事公辦的架勢。既然如此，怎麼可以把他的小錯誤賣給御史呢？從潛規則的角度說，這又是張藩台的不對。

總之，儘管從表面看來林縣令違規了，好像他不懂規矩，揭發了欽差大臣與山西幾位領導人的私下交易，但在本質上，並不是林縣令違規，相反，他的所作所爲正是維護潛規則的尊嚴，他要懲罰違規者。出賣欽差大臣只是一個間接的連帶，一張懲罰違規者的王牌。

遭到林縣令的重擊，張藩台很快就清醒過來，他立刻決定向七品芝麻官低頭。在向一把手楊巡撫彙報的同時，張藩台和姜首道（太原一把手）與林縣令談判，答應賠他一筆鉅款，補償被「斥革」的損失，也請他認個錯，撤回上訴。張藩台肯出的鉅款數目是一萬兩銀子，虞知府激變責任最重，一個人掏三千兩，其餘七千兩由張藩台、姜首道和太原的王知府分擔。

以當時中央規定的糧價折算，一萬兩銀子將近八百萬新台幣，數字不算小了。我不清楚道光年間捐一個縣令的官價是多少，但我知道清朝同治年間，也就是此事發生的二、三十年後，買一個縣令只要三千兩銀子❷。由此看來，林縣令賺了不少，但是他仍然不幹。幾經周折，雙方終於達成協定：林縣令宣稱介休財政虧空巨萬，張藩台和姜首道答應由後任承擔這筆虧損。按照清朝的正式規矩，林縣令的虧空要由他自己賠補，賠不起就要抄家。現在林縣令不用賠了，等於又得了一

捐官執照

賣官鬻爵是皇家的生意，收了錢還發給正式執照。

萬兩銀子。對張藩台一方來說，這個方案的好處是不用自己掏腰包，麻煩是需要找一個肯頂著這筆巨額虧損接任介休縣令的冤大頭。姜首道找到了這樣的大頭，名字叫多瑞，一切問題便迎刃而解。

於是，林縣令認錯撤訴，姜首道則出面向一把手楊巡撫彙報，說事已查明，不用入奏皇上了。楊巡撫看了彙報，對張集馨說：姜首道等人既然已經查辦明白了，我也不願入告。一旦入奏皇上，張藩台恐怕不能不受連累。不過這攤派欽差費一項事關重大，必須再查，以免後患。楊巡撫委派張集馨和葉名琛專查這筆款子。

我以爲楊巡撫的決定是非常英明的，這事不能就這麼完了。林縣令憑著幾封信，把山西的省領導們折騰得焦頭爛額，用二萬兩銀子才算把事擺平，這分明樹立了一個危險榜樣，想學習林縣令的人還有多少？這種地雷一般的、一旦處分下級官員就會爆炸的信件還有多少？花多少銀子才能擺平？留著如此重大的隱患，省領導還怎麼當？

張集馨受命之後，與葉名琛商量了一個清除地雷的辦法，其名義之嚴正，構思之巧妙，清除之徹底，直叫我看得目瞪口呆，拍案叫絕。張集馨聲稱，此事固然不能因爲林縣令說一句話就信以爲眞，也不能因爲林縣令認一個錯就斷定全無。因此，特爲此事通知山西全省各級政府，凡攤派過欽差費的，立刻要據實上報。沒有攤派過的，也要出具切實的書面保證，加印蓋章，送省備案。

試想，林縣令與領導翻臉時是什麼處境？他已經被中央下令「斥革」，整個成了無產者，再沒什麼可損失了。現在的各級領導又是什麼處境？他們最要緊的是保官和升官，誰願意拿自己的前程冒險，像綁票的土匪一樣敲詐領導？果然，張集馨很快就收到了下屬各級政府蓋了大印的保證書，全省皆無攤派問題。地雷報廢了，危機擺平了。

京官層的生意

如果把官場上的潛規則體系比喻爲一座大樓，那麼，這座大樓始終躲藏在堂皇的正式規則大廈的陰影中，而上述事件不過是在灰暗大樓的一個高層套間裡鬧了幾個月的一段小事。大樓裡還有許多樓層和許多房間，那裡邊的人們每天過著平凡多於熱鬧的日子。在大樓外邊的院落裡，也不時上演一些精采的劇目。

全面描繪潛規則大樓內外及其悠久歷史，遠非本文所能勝任，但我們不妨隨張集馨在西北角的樓梯上轉幾層，看看其他樓層和房間的模樣。因爲樓層和房間太多，我只能以靜態描繪爲主，迅速瀏覽一遍部分房間的門窗尺寸，房間裡發生的故事只好簡略或者由前邊的事件代表了。但讀者不難想像，每一間房子裡，都可能演出過精采紛呈的戲劇。

道光二十五年（一八四五年）正月十七日，上述危機過去五年之後，四十五歲的張集馨接到皇上的任命，出任陝西督糧道。這個官是著名的肥缺，近似現在的陝西省軍區後勤部主任，勉強也可以叫省糧食局局長，主要負責徵收、保管和供應西北地方的軍糧。俗話說「過手三分肥」，陝西糧道每年過手糧食二十萬石（約一萬五千噸），他該有多肥？又該如何分肥❸？

我得先聲明一句：張集馨不是貪官，按照官場的眞實標準衡量，他的操守要算相當不錯，這一點就連皇上也很讚賞。在接到任命的第二天張集馨拜見皇上，皇上說：聽說你的操守甚好，前幾年申啓賢（山西一把手）年終密考，還稱讚了你的操守。此去陝西，你更要堅持，老而彌篤，保持人臣的晚節。張集馨表示：謹遵聖訓。

拜領皇帝的教導之後，張集馨開始按照潛規則處理分肥問題。

一般來說，清朝的京官比外官窮。外官有大筆的養廉銀子，其數目常常是正俸的二、三十倍，灰色收入也比較多。可是京官對外官的升遷和任命又有比較大的影響，「朝中有人好作官」的道理並不難懂。於是，在長期的官場交易中就形成了一種交換機制：京官憑藉權勢和影響關照外官，外官則向京官送錢送東西。前邊提到的「欽差費」就是這類交換的一種。這類陋規的名目還包括離京送的「別敬」、夏天送的「冰敬」和冬天送的「炭敬」。「敬」的具體份量取決於雙方關係的深淺、京官的用處和外官的肥瘦。

張集馨接到任命時，已經在北京住了四個月，旅費快用完了。他寫道：「今得此缺，向來著名，不得不普律應酬。」於是大舉借債。他託人從廣東洋行以九厘行息借了九千兩銀子，從山西錢莊借了五千兩銀子，又從同事和朋友那裡借了二千兩。張集

道光皇帝像

皇上說：聽說你的操守甚好，此去陝西，你更要堅持，老而彌篤，保持人臣的晚節。

馨記載道：連同我在京買禮物的數百兩銀子，共用去別敬一萬七千兩，幾乎都沒有路費了。

一萬七千兩這個數字似乎有點嚇人。我們知道這相當於新台幣一千四、五百萬，可以買上百處房產或五、六百條人命。陝西糧道能有這麼肥麼？此外，用得著如此出血分肥麼？究竟糧道有多肥，我們一會兒就會看到。至於分肥，從情理推測，掏私人腰包的一方肯定是知道心疼的，張集馨也用了「不得不」這個詞，想必是無可奈何，不敢不遵守規矩。

這次在北京究竟是如何分肥的，張集馨沒有詳細記載。但兩年之後他調任四川臬司（主管公安司法的副省長），在北京又送了一萬五千兩銀子的別敬，並記下了具體的「尺寸」：軍機大臣（類似政治局委員）的別敬，每處四百兩銀子；上下兩班章京（類似爲軍機處服務的祕書處，共三十二人），每位十六兩；其中有交情的，或者與他有通信聯繫，幫助他辦摺子的，一百兩、八十兩不等；六部尚書、總憲（類似監察部長），每位一百兩；侍郎（副部長們）、大九卿五十兩。以次遞減。同鄉、同年以及年家世好，一概要應酬到。看看這些數字，動輒就出手一兩座宅院，少說也送上半條人命，潛規則所承擔的分配財富的重任，眞叫人刮目相看。

在張集馨任上，每年還往京城送炭敬，具體數目未見記載。

我們已經轉完潛規則大樓的京官層，現在隨著張集馨下一層樓梯繼續轉。

與軍界的交易

陝西糧道的日常工作是收發軍糧。發放軍糧的程式中包含了重大的利害關係，其中最容易出問題的地方就是糧食質量。這方面的衝突，張集馨剛剛到任就領教了。

張集馨的前任叫方用儀，爲人貪婪，卸任前他的子侄和家人在大雁塔下的市場上買了四千石麥殼攙入東倉。這是一個很大的數目，如果用這批麥殼替換出小麥賣掉，用載重量三噸的卡車運，大概要裝一百車，價值高達數百萬新台幣。按說，規模大了便難以掩人耳目，作弊也就不容易得逞——後任不肯替前任背這麼大的黑鍋，聽到風聲後通常會拒絕簽字接手。但是與張集馨辦理交接手續的不是方用儀本人，而是代理督糧道劉源灝。代理督糧道是公認的發財機會，如果劉源灝和方用儀辦交接手續的時候拒絕簽字，顯然會失去這個好機會，於是他簽了字，方用儀作弊得逞了。我估計方用儀所以敢如此大規模作弊，正因爲他算透了劉源灝的心思。當時有一個流行比喻，叫做「署事如打搶」。署事就是代理的意思，連打帶搶則是標準的短期行爲特徵。這個比喻所描繪的可以叫「署事潛規則」。

張集馨到任後訪知此事，便拒絕從劉源灝那裡接手簽字。劉源灝苦苦勸說，說倉糧肯定沒有其他方面的虧損短缺的問題，再說方用儀已經回了江西老家，還能上奏皇帝將他調回來處理此事麼？細品劉源灝說服張集馨的理由，其中包含了一個暗示：如果漏洞確實就這麼幾千兩銀子，爲了等待方用儀回來重辦交接，公文往來加上路途花費的時間恐怕需要好幾個月，張集馨因等待而蒙受的物質損失恐怕還要超過這幾千兩銀子。如果再算上得罪人的損失，算上在官場中不肯通融的名譽損失呢？換句話說，等待公事公辦的代價太大，不值得，還是認帳合算。張集馨果然被說服了，認了帳。由此反推回去，方用儀離任前決定攙一百卡車麥殼，而不是五十卡車，也不是二百卡車，這分寸實在拿捏到了老謀深算的水平。

按照常規，滿營八旗的官兵每個月分八天領糧。到了領糧的日子，張集馨叮囑部下說：我這是初次放糧，絕對不許像方用儀任上那樣攙假，讓眾官兵輕視我，以後的公事反而不好辦。他指定用好糧倉放糧。

領糧的官兵們來了，他們早就知道方用儀攙麥殼的事，警惕性很高，斷定倉吏帶他們去的倉是麥殼倉。倉吏極力辯解，官兵更加懷疑，「鬨倉大嘩」，堅決不肯在張集馨指定的糧倉領糧。於是糧道方面請官兵自己指定倉庫，沒想到官兵們指定的倉庫，恰好是攙了麥殼的倉庫，開倉一看，官兵們臉色變了，開始互相抱怨。張集馨下令打開剛才指定的倉庫讓他們看，裡面裝的果然是圓淨好麥。最後張集馨下令把這四千石麥殼篩了出去，鋪在糧倉的路上，解除了眾兵的懷疑。

八旗的驕兵悍將並不是好惹的。激軍隊鬧事，在任何時代都是很難遮掩的大罪過，糧道不能不小心伺候。

按照程式規定，八旗每月領米之前，糧倉要派官員將米樣送到將軍那裡檢驗。這裡說的將軍是各省駐軍的最高領導、省軍級幹部、糧道要伺候的主要人物。他對糧食質量的態度，對領取糧食的官兵影響極大，將軍稍微挑剔兩句，在第一線領糧的八旗驕兵就能鬧翻天。張集馨說，糧道必須應酬將軍，因爲怕他從中作梗。

應酬將軍的方式早有成規。首先，按照規定，將軍和兩個副都統本人的月糧是大米和小米並放，而大米貴小米賤，將軍自然不願要小米，糧道便全給他們大米。這是小事，算不了什麼。其次，將軍和副都統推薦家人在糧道工作，甚至只掛個名，到時候領錢，糧道也照例接受。再次，就是按常規給將軍和其他高級軍官送禮。

清朝官場通行的送禮名目叫「三節兩壽」。三節是指春節、端午和中秋，兩壽是指官員本人和夫人的生日。陝西糧道送給將軍的三節兩壽數目如下：銀子每次送八百兩，一年五次總計四千兩；表禮、水禮每次八色；門包（給門政大爺的小費，由他分發給將軍的私人助手）每次四十兩，一年二百兩。我不清楚八色表禮和水禮的價值幾何，但每年給將軍的陋規尺寸當在五千兩銀子以上。

在糧食問題上有權說話的軍官還有副都統和八旗協領。糧道也送兩個副都統三節，但沒有兩壽。三節的陋規是每節二百兩銀子，一年六百兩。此外還有四色水禮。八旗協領有八位，每節每位送銀二十兩，上等白米四石。

我們已經知道，直接到倉庫領米官兵有理由保持警惕，不能太老實了。話又說回來，他們並不老實，從來就不是省油燈，也需要糧道方面小心應酬。張集馨說，每到放米的日子，滿營的一位低級軍官率士兵來領糧，按照規矩，糧道要備一桌酒席，叫做「送倉」，由糧道方面的官員陪同帶隊的低級軍官吃一頓。滿營八旗，一連要陪八天。遇到挑剔的旗人，倉庫方面的人員必須忍氣吞聲，鬧大了還要請將軍和副都統推薦來的家人從中做工作，好言安慰勸說，才能不鬧出事來。

糧道在軍隊方面的固定應酬，還有每年春秋年節的宴會。請將軍、副都統的筵席必須有戲班子唱戲，叫做「戲筵」。駐紮在西安城裡的滿營和綠營（漢族軍隊）的中級軍官，每年春秋也要宴請一次。這些聯絡感情的工作顯然是有成效的。在張集馨之前，一個叫豫泰的官員曾當了半年督糧道代理，代理期間專收壞糧，希圖民間踴躍交糧，以便得到過手的好處。這位官員收下的壞糧最後自然要到士兵及其家屬的肚子裡，卻又沒見到張集馨關於軍隊方面爲此鬧事的記載，想必糧道把軍官們糊弄得不錯。

與軍界有關的陋規大體如此。下邊我們再換一層樓，看看糧道與地方官員的關係。

地方官場的利益分配

道光二十六年（一八四六年），在張集馨擔任陝西督糧道期間，陝西巡撫（一把手）是大名鼎鼎的林則徐。我們知道，林則徐寫過「苟利國家生死以，豈因禍福趨避之」的名聯，他也確實如此身體力行了。這樣的好官收不收陋規？據張集馨記載，那一年由於災荒，停徵軍糧，「而督撫將軍陋規如常支送」，以至陝西糧道深感困難。所謂督撫，指的是陝甘總督和陝西巡撫。這就分明告訴我們：林則徐也和大家一樣收陋規。我並沒有貶低林則徐的意思，他確實是一個難得的正派廉潔的官員。我想強調的是，如此高潔的操守並沒有排斥陋規——這進一步證明了潛規則的適用範圍是多麼寬廣。

林則徐像

林則徐這樣的好官收不收陋規？

糧道給林則徐送的陋規比給任何領導的都要多。這是因爲陝西巡撫每年都要向皇上密報下屬官員的操守才幹和各方面的表現，這叫年終密考，對官員的前程影響巨大。糧道給巡撫的陋規按季節送，每季一千三百兩，一年就是五千二百兩。此外還有三節兩壽的表禮、水禮、門包和雜費。這是幾百萬新台幣的鉅款。

陝甘總督的官比陝西巡撫還要大一點，但是隔了層，不算直接領導，人也不住在西安，所以陋規的數量反倒略低於巡撫。總督的陋規按三節送，每節一千兩，此外還有表禮、水禮八色及門包、雜費，所有這些東西，都由督糧道派家人送到總督駐節的蘭州。

陝西糧道有「財神廟」之稱，省領導們自然不容廟裡的和尙獨吞好處，他們把糧道當成小金庫來用，來往客人一概由糧道出錢招待，這也是長期形成的規矩。下邊我們來仔細看看清朝官場如何請客吃飯。張集馨在這方面的記載極爲詳盡，語言也比較明白，我將原文照抄如下：

> 遇有過客，皆係糧道承辦。西安地當孔道，西藏、新疆以及隴、蜀皆道所必經。過客到境，糧道隨將軍、中丞（即陝西巡撫）等在官廳迎接，俟各官回署後（即各位領導回到本衙門後），差人遍問稱呼，由道中幕友（即張集馨請的師爺）寫好送到各署，看明不錯，然後差人送至官客公館，一面張燈結綵，傳戲備席。
>
> 每次皆戲兩班。上席五桌，中席十四桌。上席必燕窩燒烤，中席亦魚翅海參。西安活魚難得，每大魚一尾，值製錢四五千文，上席五桌斷不能少。其他如白鱔、鹿尾，皆貴重難得之物，亦必設法購求，否則謂道中慳吝。戲筵散後，無論冬夏，總在子末丑初（半夜一點左

右）。群主將客送出登輿（即送客登轎），然後地主逐次揖送，再著人持群主名貼，到客公館道乏（可見糧道純粹是給本省的軍政領導作臉），又持糧道銜柬，至各署道乏（各署即本省各衙門的領導，可見糧道很清楚自己要伺候的是主而不是客）。次日，過客起身，又往城西公送，並饋送盤纏，其饋送之厚薄，則視官職之尊卑。

每次宴會，連戲價、備賞、酒席雜支，總在二百餘金（即二百多兩銀子，折新台幣十六萬上下），程儀在外。

其他如副都統、總兵，非與院（即巡撫）有交情者不大宴會，惟送酒肴而已。如口外駝馬章京、糧餉章京，官職雖微，必持城裡大人先生書來以爲張羅計，道中送以四菜兩點，程儀一二十金，或四五十金不等。

大宴會則無月無之，小應酬則無日無之。春秋年節，又須請將軍、副都統及中丞、司（即藩司和臬司的領導，藩司負責全省的錢糧，臬司負責全省的刑獄）、道、府（道府皆相當於現在的地市級官員）、縣，以及外道府縣之進省者，皆是戲筵。

如十天半月，幸無過客滋擾，道中又約兩司（藩司和臬司）、鹽道（負責全省鹽業的生產運輸和銷售，由國家壟斷，是歷代王朝的利稅大户）在署傳戲小集，不如是不足以聯友誼也。

陝西糧道衙門的三堂上有一副楹聯，清楚地描繪了督糧道的生活，楹聯曰：

問此官何事最忙，冠蓋遥臨，酒醴笙簧皆要政；

笑終歲爲人作嫁，脂膏已竭，親朋僮僕孰知恩？

別看張集馨那麼忙，花了那麼多的銀子，人家還不領情。因爲這是規矩，是應該的，你做得也許還很不到位呢。即使領情，外客主要也領省領導的情，省領導滿意就算張集馨沒有白忙。

就如同在競爭性的市場上有利潤平均化的趨勢一樣，在競爭聲望、關係、安全和人緣的官場上，似乎也存在一種官場利益平均化的趨勢。當然這麼說不確切，因爲官場利益是向著製造利益和傷害的能力流動的，如果製造利和害的能力誰都有一點，就會呈現利益均沾的局面，不過這種能力的分布並不那麼平均。從平均的方面說，每個在官場上有影響的官員都有理由認爲：我們都沒有說你的壞話，我們有能力害你卻沒有害你，我們甚至還說了你的好話，讓你得了這麼一個美差肥缺，難道你就不能出點血，讓大家也沾點光麼？從不平均的方面說，京官、將軍、上司之類的官員最有造福能力或者加害能力，自然應該多分。這種能力的強度像水波一樣呈環狀遞減，分配的利益也如此遞減。打秋風、請客吃飯、表禮水禮、程儀、炭敬冰敬別敬、三節兩壽等等，都是在此規律支配下的官場利益分配機制。

如果不遵守這些陋規又會怎麼樣呢？張集馨只簡略地提了一句：如果你請客時不上白鱔和鹿尾之類的貴重難得之物，別人就會說你「慳吝」。顯然，一個被大家看作吝嗇、彆扭、不懂規矩、吃獨食的人，其仕途恐怕就不那麼樂觀：說你壞話，挑你毛病的人多了，你又不是聖賢，說不定什麼時候就在某個地方莫名其妙地栽了。張集馨沒有這方面的詳細記載，但我們可以在清末小說《官場現形記》裡找到生動的補充。

《官場現形記》第四十一回寫道：

向來州、縣衙門，凡遇過年、過節及督、撫、藩、臬、道、府六重上司或有喜慶等事，做屬員的孝敬都有一定數目，甚麼缺應該多少，一任任相沿下來，都不敢增減毫分。此外還有上司衙門裡的幕賓，以及什麼監印、文案、文武巡捕，或是年節，或是到任，應得應酬的地方，亦都有一定尺寸。至於門敬、跟敬（給上司跟班的錢），更是各種衙門所不能免。另外府考、院考辦差，總督大閱辦差，欽差大臣過境辦差，還有查驛站的委員，查地丁的委員，查錢糧的委員，查監獄的委員，重重疊疊，一時也說他不盡。諸如此類，種種開銷，倘無一定而不可易的章程，將來開銷起來，少則固惹人言，多則遂成爲例。所以這州、縣官帳房一席，竟非有絕大才幹不能勝任。

李寶嘉（1867~1906年）

《官場現形記》的作者。

傾軋圖

挑你毛病的人多了，你又不是聖賢，說不定就在什麼地方莫名其妙地栽了。

後來，在這些規矩之上又生出了一個規矩：前後任交接時，要用數十兩銀子甚至上百兩銀子買這本帳。《官場現形記》中的一位候補官員好不容易得了個缺，不懂這個規矩，惹怒了前任帳房師爺，該師爺便給他做了一本假帳，記載的尺寸都是錯的。結果這位知州按照假帳孝敬上司，得罪了一圈人還不知道是怎麼回事，一年就被參劾革職了——好多懂規矩的候補官員正排隊等著這個位置呢。

利益的根源

現在我們轉到了潛規則大樓的基層。

據張集馨記載，陝西糧道每年花在請客送禮（包括京城炭敬）方面的銀子在五萬兩左右，他本人的進項每年在一、二萬兩銀子之間，糧道每年的入項有六萬多兩銀子。按照當時中央規定的糧食價格折算，這相當於四千多萬新台幣❹。

這麼一大筆額外收入，究竟是從哪裡來的呢？張集馨說得很清楚：「雖非勒折，確是浮收。」「缺之所以稱美者，不過斗斛盈餘耳。」

「浮收勒折」是明清社會的常用語，其流行程度與如今糧食收購中的「打白條」和「壓級壓價」不相上下。所謂「勒折」，就是糧食部門不肯收糧，強迫百姓交納現金，而現金與糧食的比價又由官方說了算，明明市場上六毛錢一斤大米，官方硬規定爲一塊，他還一定有理，譬如說三年中市場平均價就是一塊等等。於是，百姓每交一百斤大米，就要被官方「勒折」走四十塊錢。

「浮收」則是變著法地多收，多收的手段花樣繁多。張集馨沒有記載當地浮收的花樣，但我們可以從別的地方找到參照。下邊是清朝康熙十七年（一六七九年）和乾隆十七年（一七五二年）蘇州府常熟縣禁止浮收的兩塊石碑上提到的花樣，原文羅列就用了兩三千字，我摘錄部分名目如下：

不許淋尖、踢斛、側拖、虛推。不許將米斛敲鬆撬薄甚至私置大升大斗。不許索取看樣米、起斛米、扒斛錢、篩箱錢。不許勒索耗費、外加、內扣。不許勒索入廒錢、篩扇錢、斛腳錢、酒錢、票錢、鋪墊等錢。不許索取順風米、養斛米、鼠耗米。不許索要兌例、心紅、夫價、鋪設、通關席面、中夥、較斛、提斛、跟役、催兌、開兌等陋規。不許開私戳小票，令民執此票到家丁親友寓所額外私加贈耗，方給倒換截票。不許故意耽擱，挨至深夜收受。5

這一切手段所以能夠奏效，是因爲農民必須完成納糧任務，否則就會受到合法暴力的追究懲罰。不交皇糧是要挨板子蹲監獄的。這樣一來，農民就成了求人的一方，衙役就成了被求的一方。利害格局如此，各種敲詐勒索的花樣早晚要被創造發明出來。張集馨明白這一點，他說：「小民終歲勤動，所得幾何？赴倉納糧，任聽魚肉而不敢一較。」他的數萬銀子就是如此魚肉百姓的成果。因此，他寫道：「余居是官，心每不安。」

從每年二十萬石糧食周轉，得六、七萬兩銀子的數字推算，農民比應交數額多交三分之一，但這只是張集馨可以控制的那一部分。民間還有棍徒包攬，官方還有倉手斗級等一大堆在第一線搜刮的嘍囉，他們的所得也絕不是小數。我看到過清朝四川一個縣裡負責徵收錢糧的典吏（比副科級幹部略低）因爲分贓不均而寫的揭發信，這個小吏每年浮收勒折的收入就有一萬多兩銀子[6]。張集馨把這等巨額數字說成「斗斛盈餘」，未免過於輕描淡寫了。

順便再提一句：本文講述的故事基本都發生在清雍正（一七二三～三五年）之後，這並不意味著雍正之前就沒有這類事情。雍正之前的陋規非常嚴重，不過官員的工資很低，雍正皇上體諒部下，認爲官員們離開陋規很難生活，乾脆把陋規的收入合法化了，變成了養廉銀子。按理說俸祿高了，陋規從灰變白了，天下也該太平了。可是我們看到的結果表明，皇上考慮不周，對潛規則的性質認識不透，他的期望落空了。

清官光榮地犧牲了

以上提到的人物事件，都是一些生活在潛規則陰影裡的人，叫人看了難免生疑：莫非「洪洞縣裡沒好人」麼？有好人。總有那麼一些人，他們是清官中的佼佼者，堅決不肯拿老百姓和國家的利益做交易。

清嘉慶十三年（一八〇八年）秋，黃河決口，淮安一帶鬧災，人民流散，朝廷下詔放賑。江蘇山陽縣當年領得賑銀九萬餘兩，知縣王伸漢一人就貪汙了二萬五千兩。這時，兩江總督鐵保按照慣例派官員赴各地檢查賑災工作，派到山陽縣的官員是新科進士、剛分配到江蘇工作的李毓昌。

李毓昌到達後，山陽知縣王伸漢就派出自己的長隨（近似生活祕書）包祥，與李毓昌的長隨李祥接觸，行話叫「二爺們代老爺講斤頭」，一般都是討論利益如何分配的問題。這是常規，貪汙者不能獨吞，監督者總會憑藉自己的加害能力得到或大或小的份額。

李毓昌的長隨李祥告訴王伸漢的長隨包祥，自家的老爺到各鄉巡視了，看到災民瀕死的慘狀，十分震驚。回到縣裡調集戶冊核對後，發現了嚴重的貪冒情況，正打算擬文呈報呢。李祥的意思很明白，他亮出了一張王牌：我們老爺掌握了證據，能害你們老爺，你肯花多少錢買安全？王伸漢立刻開出了價格，讓自己的長隨傳話，願意拿出一萬兩銀子。

沒想到李毓昌是個新官，一心要當個清官，不熟悉這些官場黑幕，當即嚴詞拒絕，還要把王伸漢行賄的事情向兩江總督彙報。

這樣一來，不僅貪官王伸漢和包祥罵他是書呆子，李毓昌的長隨李祥等人也罵他。不替自己打算，也不替自家人打算，放著這麼好的買賣不做，這長隨還有什麼幹頭？包祥看出了對方陣營的內部矛盾，就許以重利，讓他們把李毓昌掌握的清冊偷出來燒毀。李毓昌覆命的時間要到了，一旦燒了，沒有時間從頭查。以後再查，就有時間做手腳了。李祥等同意。沒想到李毓昌警惕性很高，長隨難以得手。王伸漢被逼急了，派包祥出面和李祥等三人談判，只要他們下手害死主人，重金酬謝，還要替他們另找新主人。這幾位二爺想來合算，反正李毓昌這傢伙也不懂事，跟著他發不了財，不如先拿他賣個好價錢。於是他們在茶水中投毒，然後又用繩子將李毓昌勒死，僞造了一個自縊身亡的現場。

查賑官員自縊，按說也不是小事。但是王仲漢拿了二千兩銀票找淮安知府王轂活動，王轂再擬一道呈文到省，大事先就化小了。布政使和按察使都接受了自殺的結論，兩江總督鐵保也點頭同意，小事又進一步化無了。萬事大吉之後，王仲漢通知死者家屬來領棺柩，再把李祥推薦給長州通判當長隨，把另外兩個長隨也推薦出去，又給了重金酬謝，事情就算處理妥當了。

偏偏死者的家屬在遺物中發現了一份文稿，上面有「山陽知縣冒賑，以利啖毓昌，毓昌不敢受」等語。家人頓生疑心。但是這案子連總督都核准了，沒有特別過硬的證據很難翻案，只好先運棺柩回鄉。

靈柩到了家，李毓昌的妻子收拾遺物，發現他平常穿的一件皮衣上有血跡，疑心大起，告訴了運靈柩回來的族叔。族叔做主開棺驗屍，發現了中毒症狀。家屬立刻進京向都察院喊冤。都察院按程式奏呈皇帝，皇帝立即責成軍機處追查，很快破案。

後來，李毓昌被樹爲官員的榜樣，皇上親自寫詩褒揚，追加知府銜，皇上還爲他過繼了一個兒子傳宗接代，並賞這兒子舉人功名。王仲漢和包祥處斬。李祥和另外兩個參與謀殺的長隨被凌遲處死。有關領導也受到了嚴厲處分❼。

那麼清官究竟在哪裡呢？清官光榮地犧牲了，成了大家的好榜樣。

我想，每個人都會從這個案例得出自己的結論：同流合汙的利益和風險與當清官的利益和風險比較，究竟哪頭大。當然，這不是單邊的計算，而是一場雙邊博弈的計算，雙方的行爲相互影響，各自的得失還要取決於對方的策略。李毓昌與王知縣互鬥，眞正的贏家是根本就沒資格上檯面當對手的零散百姓，兩位旗鼓相當的對手得到的卻是「雙輸」的結局，雙方同歸於盡。既然這場對局成了一場要命的災難，恐怕雙方的策略都難以爲後人效法，我們也就不能指望其成爲定勢或者叫常規。眞實的常規是：對局者雙贏，老百姓買單。

注釋

❶關於整個事件的描述，見張集馨：《道咸宦海見聞錄》，道光十九年。中華書局一九八一年版。張集馨（一八〇〇～七八年），江蘇儀徵人，道光年間中進士，入翰林，歷任知府、道員、按察使和布政使，《道咸宦海見聞錄》是他的自編年譜。

❷劉愚：《醒予山房文存》卷七，第三十頁，轉引自魯子建編：《清代四川財政史料》上，第五二一頁。

❸全部描述參見張集馨：《道咸宦海見聞錄》，道光二十五年。

❹據《道咸宦海見聞錄》道光三十年記載，甘肅一帶糧食「部價每石一兩」，清代每石稻穀的重量爲七十一．六公斤。本文通過糧價進行的銀子與新台幣比價的折算，大體以此「部價」爲根據。在平常年頭，西北糧食的市場價格並沒有這麼高，稻穀的比重也不如圓淨小麥。所以本文對銀子的購買力的估計偏低，讀者不妨把我提到的新台幣數字看作很保守的估計。

❺參見《江蘇省明清以來碑刻資料選集》第六〇五、六四七頁，轉引自洪煥椿：《明清蘇州農村經濟資料》第五六八、五七一頁。

❻四川省社科院歷史所藏《巴檔抄件》，轉引自《清代四川財政史料》上，第五八〇頁。

❼引自完顏邵元：《封建衙門探祕》，天津教育出版社，第二一〇頁。

10 論資排輩也是好東西

選任官員有三個層次：表層是理論上冠冕堂皇的「選賢任能」，中層是論資排輩和抽籤，底層是權勢集團的私下請託，或者叫走後門。

竹簽當政

孫丕揚於萬曆二十二年（一五九五年）出任吏部尚書，時年六十二歲。他的職責是協助皇帝選拔德才兼備的官員，將他們安排到適當的崗位上。孫丕揚的職務類似現在的組織部長，在明朝的地位高居中央六部尚書之首。明朝在名義上沒有宰相，六部尚書之首在名義上簡直就是天下最大的官了。

孫丕揚是個廉潔清正的人。《明史》卷二二四上說：「丕揚挺勁不撓，百僚無敢以私幹者。」遙想當年，這個陝西籍的倔老頭整天板著臉端坐辦公，成千上萬善於鑽營的官迷，居然沒人敢打他的主意，眞叫我們這些五百年後的晚生肅然起敬。意味深長的是，這位孫先生當了吏部尚書之後，創建了「掣簽法」，明朝的幹部安排方式從此一變，官員們無論賢愚清濁，一概要憑手氣抽籤上崗了。一個聰明正派的重臣，竟把皇上託付給自己的選賢任能的重大職責，轉交給了一堆竹簽。

按照現代管理學的原則，不同的職位對人員素質有不同的要求，要根據不同的職務要求選擇人才，揚其所長避其所短。這個道理當然是不錯的，當時的人完全明白。于愼行比孫丕揚年輕十來歲，當過禮部尚書，他就在《穀山筆塵》卷五中批評孫丕揚道：人的

顧炎武像

才能有長有短，各有所宜；資格有高有下，各有所便；地方事務有繁有簡，各有所合；上任的路途有遠有近，各有所準。而這一切差別都付之竹簽，難道遮上了鏡子還能照見面貌，折斷了秤桿還可以秤出分量麼？于愼行的這些批評很精當，簡直就像是比照著管理學原理說出來的，而且他還考慮到了上任路途遠近這個時代特點很強的問題。順便提一句，那時候交通不便，千里赴任，通常要借一大筆債。在工資不高的條件下，還債的壓力很容易轉化爲貪汙的動力。因此，這個距離因素便關係到「德才兼備」中的「德」。赴任的官員到了千里之外，情況不熟，語言不通，辦事便要依靠名聲很壞的吏胥，領導和監督作用也就無從談起，這又關係到「德才兼備」中的「才」。可見這個不起眼的距離因素也不容小看。

明朝大學者顧炎武對竹簽當政的指責更加尖銳。他從孔聖人教導的高度出發，徑直聯繫到天下興亡，眞是堂堂正正，義正詞嚴。

顧炎武說：孔夫子對仲弓說「舉爾所知」，如今科舉取士，禮部要把名字糊上再取，這是「舉其所不知」；吏部靠掣簽安排幹部，這是「用其所不知」。用這套辦法的大臣在知人善任方面很笨拙，在躲避是非方面倒很巧妙。如此選出來的官員赴任之後，人與地不相宜，於是吏治就要變壞，吏治變壞則百姓造反，百姓造反則大動刀兵❶。

總之，孫丕揚創建的抽籤法很危險——甄別使用人才的重任怎麼能轉交給沒頭沒腦的竹簽呢？這位正人君子既違反聖人的教導，又違背職責的規定，用現代的說法就是「違憲」地另搞一套，他到底出了什麼毛病？

灰色權勢集團的壓力

據《明史》記載，孫丕揚誰都不怕，惟獨怕太監。千千萬萬的文官都不敢找孫丕揚走後門，但是宦官敢。宦官沒完沒了地託他給親信安排肥缺，孫丕揚安排又不是，拒絕又不敢，於是就發明了抽籤的辦法，讓那些宦官不要再來走後門。孫丕揚用心良苦。

宦官在名義當然沒有孫丕揚的官大。孫丕揚是正二品的高官，而宦官的頭子，也就是擔任太監的宦官，不過是個四品官，與孫丕揚差著四檔，而且宦官是不許干預政事的。開國皇帝朱元璋規定，宦官干預政事者斬。同樣，明朝也是沒有宰相的，開國初期的三個官居一品的宰相似乎都不可靠，朱元璋殺掉他們，然後就廢除了宰相制度，並且在《皇明祖訓》中寫下一句嚴厲之極的話：後代有敢建議立宰相者，滅九族。如此說來，孫丕揚只需直接向皇上負責，除了皇帝本人之外不必再怕什麼人。但是實際情形不然。

朱元璋廢除宰相，就等於迫使他的子孫後代親自出面管理國家。必須由所有者親自出面管理一個大企業的制度，尚且不能叫好制度，更何況管理一個大國。這是個體戶的思路。這個思路容不下專業分工的出現，不承認臣民之中有更善於管理而且樂於管理的專家人才。

這種制度禁止外人插手代理，它自己所提供的皇帝又如何呢？顯然，生長在深宮內院的皇太子，對民間實際情況的了解必定是膚淺的，中國的儒家教育又是春秋筆法的隱惡揚善教育，告訴學生的都是理想的模式是什麼樣子，爲什麼說這是理想的，等等。教的那一套與實際情形相去甚遠。也就是說，一個滿腦子教條和理想的書生，就是這種制度所能提供的最好的領導者。這不過是一個有德無能的最高管理者，而更大的可能是碰上一個無德又無能的管理者，一個既缺乏理想又沒有頭腦的敗家子。這兩種皇上都缺乏管理國家的能力，很需要一些助手協助他處理六部首腦提出的複雜問題。

在實際情形中，皇上批閱的章奏，譬如孫丕揚的什麼奏疏，首先要由內閣大學士——皇上的祕書——看一遍，替皇上草擬一個處理意見，用小紙條貼在奏疏的前面，這叫擬票。現在的官場用語譬如「擬同意」之類，大概就是從這裡來的。票擬過的章奏呈到皇上手裡，皇上便參考大學士的意見口授旨意，秉筆太監持紅筆記錄，這叫批紅。無論名義上如何規定，呈送章奏的人，總不如閱讀章奏並提出處理建議的人權力大；提建議的擬票人，總不如拿著紅筆寫批示的人權力大——特別是在皇上又懶又好糊弄的條件下。譬如正德皇帝貪玩，太監劉謹便把章奏拿回家與親戚和哥兒們商量著批，首輔李東陽也難以辨別眞假。於是，就在這個並不違背常識和情理的過程中，行政權力的重心悄然轉移。

《明史．職官志》總結明朝的行政權歸屬，說：洪武十三年廢除宰相制度之後，天下事就由各部尚書負責處理。大學士當顧問，皇帝自己做決定。這時候的大學士很少能參與決策。到了第五代的宣德年間，大學士因爲有太子的老師的資格，威望隆盛，地位和作用已經在六部尚書之上了，內閣權力也從此超過了六部。到了第十二代的嘉靖中期，夏言、嚴嵩用事，其地位已經赫然爲眞宰相。不過，內閣的擬票權，不得不決於內監的批紅權，於是，宰相權實際就到了宦官手裡。

不知不覺中，朝廷決策、官員進退，都把持在宦官之手了。不許干政云云，早就成了一紙空文。

明何良俊在《四友齋叢說》卷八講了一個宦官對這種權勢變化的親身體會。嘉靖年間的一位宦官說：

我輩在順門上久，見時事幾復矣。昔日張先生（內閣大學士中的首輔張璁）進朝，我們多要打個躬。後至夏先生（首輔夏言），我們只平著眼看望。今嚴先生（首輔嚴嵩）與我們拱拱手，方始進去。

這套體現在鞠躬拱手上的禮節變遷，實際上標出了明朝行政權力的變遷。名義上權力在皇帝手裡，但是皇帝不能幹、不肯幹，這時候，在沒有合法的代理制度如宰相制度的條件下，行政大權就悄悄落在皇帝的私人顧問和隨從手裡了。這是潛在的規矩，卻是眞正管用的規矩，不懂這個規矩的人將在官場上碰得頭破

皇帝溥儀在屋頂上

皇上貪玩，行政權力的重心便悄然轉移。

血流。究竟是公開代理的宰相制度好，還是明朝的悄悄代理好呢？公開代理好歹還有個公開推選宰相的過程，悄悄代理則全憑個人的私下手段，譬如劉瑾那種引導皇上玩鷹玩狗討皇上歡心的手段。

話扯遠了。簡單地說，就是明朝必定出現一個灰色的權勢集團，一個在典章制度中找不到的權勢集團，這個集團有能力讓正式制度的維護者給他們讓路。孫丕揚不願意讓路，又不敢得罪宦官，不能不讓路。雙方較量的結果，就是孫丕揚帶頭放棄自己手裡的安排幹部的權力，放棄肥缺的分配權，同時也就取消了灰色權勢集團的肥缺索取權，任何人都不能憑自己的標準安排幹部，一切由竹簽和當事人的手氣決定。這個抽籤制度建立後，吏部的後門果然堵住不少，當時的人們便盛讚孫丕揚公正無私。在這種盛讚中，我們也可以感覺到人事安排或者叫肥缺分配方面徇私舞弊的嚴重程度。

論資排輩的緣故

顧炎武在《日知錄》裡考察了論資排輩的由來。論資排輩制度和抽籤制度一樣，都是捨棄了選賢任能功能的官員選擇制度，都是蒙上眼睛碰運氣的肥缺分配制度。這兩種制度還可以配合使用：首先要夠資格、夠年頭，然後才輪得上你抽籤。有意思的是：在論資排輩制度的源頭，顧炎武看到了我們在抽籤制度的源頭看到的景象。

顧炎武說，如今談到論資排輩制度，都說起源於北魏的崔亮。讀讀崔亮的本傳，才知道他也有不得已的地方❷。

據《魏書》卷六十六崔亮傳記載，崔亮當吏部尚書的時候，正趕上武官得勢，太后下令要選拔武官在中央和地方的政府中作官。但是官位少，應選的人太多，前任吏部尚書李韶按照老辦法提拔人，眾人都心懷怨恨。於是崔亮上奏，建議採用新辦法，不問賢愚，完全根據年頭任用官員。年頭不對，即使這個職位需要這個人，也不能任命他；庸才下品，年頭夠長就先提拔任用。於是久滯官場的人都稱讚崔亮能幹。

崔亮的外甥，司空諮議劉景安，對舅舅的作法很不滿，就寫了封信規勸崔亮，大意是說：古往今來，選用官員一直由各級政府推薦，雖然不能盡善盡美，十分人才也收了六七分。而現在朝廷選拔官員的方式有很多問題，選拔標準片面，途徑狹窄，淘汰不精，舅舅現在負責此事，應該改弦更張，怎麼反而搞起了論資排輩呢？這樣一來，天下之士誰還去修厲名行呢！

崔亮寫信回答說：你講的道理很深，我僥倖當了吏部尚書，經常考慮選賢任能，報答明主的恩情，這是我的本意。而論資排輩，實在有其緣故。今天已經被你責備了，千載之後，誰還知道我的苦心呢？

崔亮說，過去天下眾多的賢人共同選拔人才，你還說十收六七。今日所有選拔的任務專歸吏部尚書，以一人的鏡子照察天下，了解天下人物，這與以管窺天有什麼區別呢？如今在戰爭中立下功勳的人甚多，又有羽林軍入選，武夫得勢，卻不識字，更不會計算，只懂得舉著弓弩衝鋒，追隨蹤跡抓人。這樣的人怎麼能治理好天下?再說武人太多，而官員的名額太少，即使讓十人共一官，官職也不夠用，更何況每個人都希望得一個官職了，這怎麼能不引起怨恨呢!我與上邊當面爭執，說不宜使武人入選，請求賜給他們爵位，多發他們俸祿，但是上邊不接受。所以用了這個權宜之策，用年頭限制一下。這就是我的本意，但願將來的君子能夠明白我的心。

顧炎武評論說，北魏失去人才就是從崔亮開始的。不過看他回信的意思，考察當時的形勢，羽林之變並不是他姑息的，武人封官也不是他濫給的，崔亮用這個規矩也是不得已。奇怪的是，現在上邊沒有那些立下功動的人壓著，下邊沒有鼓噪的叛黨逼

晚清吏部文選司求賢科官員合影

著，究竟怕的是什麼，還用這論資排輩的辦法呢？

顧炎武說得很清楚，崔亮的辦法是用來安撫上上下下的壓力集團的，是被迫的讓步。我們也從孫丕揚的故事中看到，顧炎武所說的「現在」——明朝末年，也同樣面對著權勢集團的壓力，抽籤等等也是不得已。孫丕揚和崔亮這兩位吏部尚書相隔一千餘年，但是選官規則的形成法則相同，形成的情勢相近，形成的結果自然也差不多。一個很明白的問題竟然用一千年也解決不了，眞所謂「後之視今，亦猶今之視昔，悲夫」。

請託也是一種制度

我們已經看到了三個層次的選任官員的方式：表層是理論上冠冕堂皇的「選賢任能」，中層是論資排輩和抽籤，底層是權勢集團的私下請託，或者叫走後門。

明朝小說《醒世恆言》卷三十六介紹了一種在吏部走後門當官的規矩，名字叫「飛過海」。明朝沿襲元朝制度，吏員每三年一考，三考合格，即爲考滿，考滿的吏就可以去吏部候選當官。「吏」是不入流的國家工作人員，並不是官。用當代語言打個比方說，他們沒有幹部身分，只能算國家正式職工。如果想工轉幹，就要苦熬九年，通過三次考察，這才有了「工轉幹」的資格，可以混個三把手四把手幹幹。但是有了資格並不一定能當上幹部，人多位置少，什麼時候能上崗是很難說的。於是就有人發明了一種搶先的辦法，這便是「飛過海」。

《醒世恆言》中說：

原來紹興地方，慣做一項生意，凡有錢能幹的，都到京中買個三考吏名色，鑽謀好地方，做個佐貳官出來，俗名喚做「飛過海」。怎麼叫做「飛過海」？大凡吏員考滿，依次選去，不知等上幾年。若用了錢，挖選在別人前面，指日便得做官，這謂之飛過海。還有獨自無力，四五個合做夥計，一人出名做官，其餘坐地分贓。到了任上，先備厚禮，結好堂官，叨攬事管。些小事體，經他衙裡，少不得要詐一兩五錢。……所以天下衙官，大半都出紹興。

當然這也不能怨紹興人。紹興地少人多，生活不下去，總要謀一條出路。明王士性在《廣志繹》中說：山陰、會稽、餘姚，人口繁多，本地的房屋耕地連一半的人口也供養不起，於是聰明敏捷的人，就進京當了都辦，從要害部門到閒曹細局，到處都是這一帶的人——全中國的大小衙門裡充滿了紹興人，原來是生存環境逼的。而從紹興人的角度看，「飛過海」不過是激烈的生存競爭的一種手段。民間的生存壓力，就是這樣轉化爲官場內部的「請託制」的運行動力。

紹興人在北京託人走後門花的錢，只是推動請託方式運行的一小部分費用，因爲它只涉及到吏員「工轉幹」這一條途徑，不過是明朝選官的數條途徑之一，並且還是很小很不重要的途徑。至於推動整個「請託制」運行的費用總額有多大，當時沒有正式統計，我現在也很難估計。但我們知道，在孫丕揚上任前的嘉靖年間，也就是《醒世恆言》中寫到的「飛過海」的流行年代，吏部的一個吏員的肥缺就價值上千兩銀子，相當於當時一個縣太爺二十年的名義工資。權貴們收了人家的厚禮，經常點著名安排某個人到某個位置。另外，在孫丕揚生活的萬曆年間，如果某人從官員的位置上退下來，你想讓他推薦你接任，即使你的學歷資格年頭全夠，這筆推薦費也要五、六百兩銀子❸，大概相當於一戶自耕農二十年的收入。上邊這兩個例子不過是群豹身上的兩塊斑點，明朝文職官員的「崗」在兩萬個以上，吏員超過五萬五，武職更超過十萬，這兩塊斑點的大小，可以幫助我們管窺和推測請託費用的整體規模。

這筆官場上的巨額投資，最終自然要從老百姓身上一錢一兩地撈本取利，《醒世恆言》已經介紹得很清楚了。

請託盛行，意味著誰有路子誰當官。這又大體相當於誰有銀子誰當官，誰會巴結誰當官。誰有銀子誰當官的道理還可以再推進一步，因爲明朝的官員工資甚低，不應該有很多銀子，銀子多恐怕也就是灰色收入多，貪贓枉法的嫌疑大。這就意味著溜鬚拍馬高手和貪贓枉法的嫌疑犯最有可能當官。當然也可以像《醒世恆言》中說的那樣，大家先湊錢買個官當，按入股的比例分贓——這就意味著貪汙準備最充分、貪汙壓力最大的人最可能當官。這顯然是一幅很糟糕的前景：衙門裡充滿了貪官汙吏和結夥打劫強盜，動輒敲詐一、二兩銀子，如此用不了多久，天下就只能看見窮山惡水貪官刁民了。

在上述情景之下，如果我們設身處地替孫丕揚想一想，就會發現他膽識過人。

掣簽法一出，請託無處容身了，那些權貴，包括孫丕揚的那些花大錢鑽營進來的部下，都斷了一條財路。沒有過人的膽量，或者頭上有許多小辮子被人家攥在手裡，誰還敢做這種得罪人的事情？自己先斷了自己的財路，誰又肯做這種吃力不討好的事情？

此外，論資排輩和抽籤本身堪稱極其高明的流線型設計。如果要發明一種在官場中的阻力最小、壓力最輕、各方面都能接受的肥缺分配辦法，恐怕那就是論資排輩加抽籤。資格和輩分是硬指標，不容易產生爭議，這就能夠持久。人人都會老的，誰都不會覺得這個辦法對自己格外不公平，這就容易接受。已經老的人關係多，經驗豐富，常常還是年輕人的師長師兄，年輕人很難公開反對他們，這就讓反對者難以成勢。至於在相同資格和輩分的條件下抽籤抓鬮，這是把前程交給天意和命運安排，而天意和命運也是人人尊重，根本就無法反對的。

最後還有一條好處，一旦開始了論資排輩，再要廢除就不太容易，代價會很高，因為耐心等待多年的編織了堅實關係網的人們會群起圍攻，說他的壞話，造他的謠言，保護自己即將到手的利益。

事實上權貴們也犯不上去招惹眾怒，因為請託的道路並沒有被孫丕揚徹底堵死，他只是在自己領導的吏部堵住了這條路，而吏部的考選只是官員升遷的途徑之一，另外還有一條途徑叫做保舉。為了彌補吏部考選的不足，京官五品以上和州縣正官以上，都有權保舉官員。被保舉者的升遷調用不論年頭和資格，也不用抽籤。崇禎年間的刑科給事中李清在《三垣筆記》中記載，曾有一個人求他保舉，開口就要送他三千兩銀子，由此可以想見保舉的行情。在保舉的道路上，權貴們的鄉里親舊僚屬門下絡繹不絕，從來就沒有斷過。這條溢洪道雖然不那麼乾淨，但也起到了穩固大堤的作用——權貴們可以繞開抽籤制度，無須推翻它。

到了明朝的最後幾年，崇禎皇上覺得抽籤選上來的官員實在不好用，又提倡保舉。第一批保舉出來的人果然不錯，但接下來便一場糊塗了。經皇上的倡導，保舉的口子越開越大，請託方式也逐漸取代了抽籤方式，溢洪道豁成了主渠道。作為主渠道的吏部也同流合汙，擠入撈一把的行列，於是形勢大壞。憂國憂民的人又呼籲恢復抽籤制度，卻發現這東西也成了可望不可及的夢想。李自成破陝西，京都大震，明王朝到了生死存亡的最後關頭，這時吏部仍然在選官的過程中大肆收受賄賂。崇禎聽到了報告，就把祖宗牌位擺在朝廷上，讓官員們在神聖的氣氛中抽籤定崗。當時許多地方已經成了一片廢墟，有的地方危機四伏，險地和肥缺全在一個箱子裡裝著。崇禎規定，不管是什麼地方，一旦抽籤抽中了，立刻就要上路，限期到任。有的官員規避不出，就令排在他前邊的人替他抽籤，不能讓他溜了❹。這就是說，在明朝滅亡前的最後關頭，抽籤制度再獲新生，而主持恢復這個制度的竟是勵精圖治、與朝廷共命運的崇禎皇帝。皇帝本人也和孫丕揚一樣讓步了。皇上有權，但是找不準打擊或提拔的目標，分不清敵我友，貪官汙吏用資訊戰打敗了他。

抽籤當然不好，但考慮到這許多複雜情況，《明史》的作者最後還是說了許多體諒孫丕揚的話。這位史官前輩說得十分到位，我只能老老實實地轉述如下：孫丕揚創建掣簽法，雖然不能辨才任官，關鍵是制止了放任營私的弊病。如果不是他，說不定情況更糟。這也是因地制宜，不可援引古代聖賢的話去責難他❺。

老百姓趕上誰是誰

說了半天，官場上的各種關係都擺平了，大家都沒牢騷了，老百姓又如何呢？老百姓繳了皇糧國稅，養了千千萬萬的文武官員，自然期望上邊派來一個賢能的領導，否則很應該大發牢騷。不過發牢騷也白發，他們的嗓門不夠大，掌權者聽不見。這個比喻是嘉靖和萬曆年間著名的清官海瑞說的，原話是：「百姓口小，有公議不能自致於上。」❻海瑞這句話說得異常簡潔精確，後人很難超越。但是這話的背後隱藏了一個可疑的前提：上邊知道了老百姓的不滿一定會替他們作主麼？事實上，大量的官辦企業經營不善，面臨破產，再明白不過地表明了官員的服務對象對他們的工作不滿意。這條資訊管道並沒有堵塞，但是那些工部和戶部的官吏很少因此丟官，除非他們在官場上瞎了眼。海瑞的假定顯然不能得到歷史經驗的證實。老百姓的嗓門確實有問題，但是加害於人或者造福於人的實際能力更成問題。

這就是說，在進行官場謀劃，努力擺平各種利害關係的時候，無須考慮老百姓的壓力，他們根本就不能構成一個壓力集團，甚至連一個輿論集團也不是，不過是一盤散沙。那時候又沒有「海選」的手段，難道某粒沙子還能跑到吏部去爲你爭肥缺或者砸飯碗麼？如

插秧圖

在現實的政治運作中，老百姓什麼也不是，甚至連一個輿論集團也不是，不過是一盤散沙。

果不能，考慮他們豈不是多餘？

作爲整個政權的根基，老百姓在理論和原則上非常重要，所謂「水可載舟，亦可覆舟」，因此才有了「選賢任能」「爲民父母」「愛民如子」之類的大原則和正式規則，以免洪水氾濫，大家遭殃。如果眞能做到這一套，老百姓也會感到十分幸福，當牛作馬雖然免不了，皇親貴族的三宮六院和伺候他們的萬千宦官也要好好養活著伺候著，但身邊畢竟有了一個好牧人。只要他早出晚歸，兢兢業業地替天子放牧，屠宰的季節和數量掌握得比較有分寸，老百姓也就像魯迅說的那樣暫時作穩了奴隸。

但是在現實的制度運作中，老百姓什麼也不是，無論是壓力還是牢騷，什麼也傳不上去，這就難免「人善被人欺，馬善被人騎」。因此就培養出了敲詐勒索，勾引出了官場請託，豺狼餓虎們一個個地混進了牧人的隊伍，吃得牛羊們紛紛斷子絕孫，這便是最黑的潛規則。按照魯迅的比喻，這就進入了想作奴隸而不得的時代。

論資排輩和抽籤法可以算作灰色規則，位於白色的正式規則和黑色的潛規則之間。沿著這條灰色道路上來的放牧者則是個大雜燴，勤狗懶狗好人壞人豺狼虎豹都有，老百姓趕上誰是誰。這條灰色規則能夠大體通行，已經很不容易了。在老百姓什麼也不是的情況下，孫丕揚等有覺悟有勇氣的好幹部，運籌帷幄，建立各種同盟，巧妙地動員官場上的各種力量，經過努力才給牛羊們爭取到這個政治成果。這個成果的取得，既可以稱之爲成功，也可以稱之爲失敗，這大概也是各朝代總能夠維持二百多年，最後卻終於難免滅亡的道理之一。

注釋

❶ 顧炎武：《日知錄》卷八，選補。
❷ 顧炎武：《日知錄》卷八，停年格。
❸《萬曆野獲編》卷十二。
❹《三垣筆記》附識上，崇禎。
❺《明史》卷二二四，孫丕揚傳贊。
❻《海瑞集》上編，《淳安政事·興革條例》。

11 正義的邊界總要老

法律是公開標明邊界，改動起來比較麻煩。實際管用的邊界，只要睜一隻眼、閉一隻眼就換了位置。一旦實際邊界暗自移動，名義邊界也會羞答答地漸漸跟上。

世道變了

明朝萬曆十二年冬（一五八四年），蟄居十四年的海瑞奉召出山，承擔了爲帝國監督和考察官員的重任。這年海瑞七十二歲，其頑梗剛峻卻一如既往。他沒有按照慣例推辭謙讓一番，而是立刻上路。海瑞把自己在垂死之年赴任比喻爲「屍諫」，這等陰沉剛烈的意象恐怕也只有他才想得出來。

正如眾人預料的那樣，海瑞很快就向皇上提出了爆炸性建議。他說，陛下勵精圖治，爲什麼不能大見成效？因爲處罰貪官汙吏的刑法太輕。海瑞搬出了明太祖朱元璋的立法：貪贓枉法八十貫論絞。他還提到朱元璋將貪官剝皮塡草，作成人皮口袋掛在公堂上懲戒後任的辦法。海瑞認爲，如今就應該用這種辦法懲辦貪官汙吏。此論一出，輿論大譁。

「貪贓枉法八十貫論絞」意味著什麼？這條法律是洪武三十年（一三九七年）頒布實行的，當時一貫等於一兩銀子的大明寶鈔，已經貶值到票面價值的二〇%之下。即使以票面價值估算，如果按照對糧食的購買力折成新台幣，八十貫至多也不過八至十二萬元。貪贓枉法八至十二萬元就要判處死刑嗎？還要剝皮塡草？

《明史》上說，海瑞規切時政，話都講得很剴切，惟獨勸皇帝「虐刑」這一點，「時論以爲非」。❶

「虐刑」是一個令人疑惑的批評。朱元璋主持制訂的《大明律》乃是堂堂正正的國法，認眞執法怎麼可以叫「虐刑」？想當年，朱元璋採用更加嚴苛的貪贓枉法六十兩銀子處死的標準，殺貪官如秋風掃落葉，贏得了生前和身後的廣泛讚譽，即使有批評者，也不過指責一些超標的濫殺，並沒把法律看作「虐」法。然而，一百八十年之後，「時論」卻有了這個意思。世道眞是變了。

今日的邊界也在動

讀《較量——中國反貪歷程》一書時❷，我忽然冒出一個疑問：假如劉青山和張子善活在今天，他們會被槍斃嗎？

一九五二年二月，天津地委書記劉青山和天津專區專員張子善因嚴重貪汙而被處決，史稱中華人民共和國反貪第一大案。據中共河北省委關於開除這二位貪官黨籍的決議介紹，劉、張二位共貪汙揮霍三億多元舊幣❸。舊幣的三億元等於新幣三萬元，按照居民消費價格指數計算，一九五一年的一元新幣大體相當於二〇〇〇年的七元人民幣。這就是說，按照今天的標準，這二位大貪官平均每人貪汙了十萬元左右。貪汙到這個數目的官員，如今該當何罪？

《較量》一書從先秦寫到一九九七年，倒數第三頁提到了八個最新貪官的名字，我查到其中七位的案情和下落，抄錄如下：❹

一、陳希同，北京市委原書記，貪汙禮物折合五五·六萬，被判處有期徒刑十六年。

二、王寶森，北京市原副市長，貪汙二十五萬、美元二萬，挪用三·五億，自殺。

三、閻健宏，貴州國際信託投資公司原董事長，貪汙六十五萬、美金一．四萬，合夥貪汙一百五十萬，被判處死刑。

四、郭子文，中國煤炭銷售公司原總經理，受賄一九三．六萬，死刑。

五、李善有，海南省政府原副祕書長，受賄人民幣四十三萬、股票八萬，死緩。

六、胡建學，山東泰安市委原書記，受賄六十萬，死緩。

七、歐陽德，廣東省人大原副主任，受賄五十三萬，有期徒刑十五年。

比照上述各位，劉青山和張子善如果不再做十倍的努力，不貪到百萬以上，只要厚著臉皮不自殺，今天就不至於死。十萬元人民幣級別的貪汙犯，根據如今的案例推測，也就是坐牢十年的罪過。試比較下列案例：

一、康輝，人事部工資福利司原司長，受賄十萬，有期徒刑十年。

二、孟慶平，湖北省原副省長，受賄人民幣二四．五萬、港幣十萬，有期徒刑十年。

三、梁高才，中國石油天然氣銷售公司原總經理，受賄十萬，有期徒刑十年。

四、姜殿武，河北省人大原副主任，受賄款物合計十七萬，有期徒刑十年。

五、錢棣華，黑龍江大慶市原市長，受賄二二．五萬，有期徒刑十年。

六、楊善修，河南安陽市原市長，受賄款物折合一三．八萬、美金三千三百元，有期徒刑十年。

七、彭虎，深圳市南山區原人大主任，受賄人民幣二十萬、港幣四十二萬（俱樂部會員證），有期徒刑八年。

八、滕國榮，江西省國稅局原局長，受賄十二萬，有期徒刑七年。

由此看來，與五十年前相比，如今的世道也變了。假設海瑞活在今天，呼籲恢復建國初期的懲貪標準，眾人會不會罵他勸誘皇上「虐刑」呢？我估計幹部會罵，百姓不會罵。這種說法有點階級分析的味道，恐怕低估了共同的人性，我們不妨比喻得再極端一些。

一九四二年十月十五日，晉察冀根據地民主政府頒布了《晉察冀邊區懲治貪汙條例》，其中規定：貪汙數目在五百斤小米市價以上者，處死刑或十年以上有期徒刑。貪汙數目在三百斤小米以上、五百斤未滿者，處死刑或七年以上有期徒刑。

一九四三年八月抗日根據地政府公布施行的《山東省懲治貪汙公糧暫行條例》規定：貪汙公糧五百斤以上者，處死刑、無期徒刑或十年以上有期徒刑[5]。

三、五百斤糧食不就是三、五百元人民幣嗎？這條標準讓我想起了當代民間流傳的笑話：「把所有幹部拉出來排隊槍斃，難免有冤枉的。隔一個斃一個，漏網太多。」

這太過分了。這才是無可置疑的「虐刑」。假如海瑞膽敢宣導這種標準，我估計廣大幹部和群眾會一致起來反對。奇怪的是，六十年前通過這條法令的時候，大家怎麼不這麼感覺呢？

歷史的重複

這類世道的演變，本身就是一種常規。將兩千年間的十餘次反覆集中起來，這種常規就比較容易顯現出來。我們再追溯兩朝看看。

北宋初年（九六〇年起），贓滿五貫者處死。五貫是什麼意思呢？當時宰相每月的俸祿是三百貫，小縣主簿每月的俸祿爲六貫。小縣主簿相當於現在的正科級幹部，月薪不足四千元新台幣。貪汙數額不足一個科級幹部的月薪就要處死，眞有年輕氣盛、咄咄逼人的感覺。而且，當時的執行措施也頗爲得力，監察御史每月都要完成參劾任務，百日不糾彈，就是給台諫（近似監察部或中紀委）丟臉，要罰「辱台錢」❻。

過了四十年（九九八年），到了宋朝的第三代皇上眞宗趙恒手裡，年輕氣盛的標準漸露老態，流配海島代替了死刑。再過六、七十年，貪官流放時已無須受杖，臉上也不再刺字了。又過三、四十年，宋徽宗趙佶即位，《水滸》所描寫的這個時代是貪官們的好時光，據說當時廉吏的比例不過一〇%，而貪官的比重達到了九〇%，皇上發現了貪官污吏，只給一個行政處分，「去官勿論」，懲貪的法律名存實亡。南宋亦然。「不屑官吏之非法橫取，蓋已不甚深求。」❼

唐朝的立法也很嚴厲。當時以絹計價，官吏受贓一尺，杖一百；貪贓枉法十五匹，以絞刑處死。據說，唐太宗立法後執法心切，有一次竟派人去賄賂官吏，故意勾引官員們犯法。刑部司門令史沒有經受住皇上的考驗，受賄一匹絹，唐太宗就要將他處決。多虧了戶部尚書裴矩依法力爭，批評皇上求治心切，矯枉過正，這才救下一條人命❽。一匹絹的長度爲三丈，按照明朝的折算率，價値七錢銀子，相當於四百多元新台幣。唐朝的立法竟以十兩銀子爲處死標準，而唐太宗竟然要爲七錢銀子殺人，如此咄咄逼人的執法氣勢，教人想起解放區那晴朗的天空。當然，這股氣勢後來又漸漸衰竭，《唐律》中有關官吏貪贓的刑罰規定，最後也與一紙空文差不多了。

法行故法在

我重複四遍描述了同一種現象：隨著年頭的增加，某些行爲邊界總要朝有利於官吏的方向移動。如果更細緻地劃分，行爲邊界的移動還有名義移動與實際移動之別。

法律是公開標明邊界，改動起來比較麻煩。實際管用的邊界，只要睜一隻眼、閉一隻眼就換了位置。套用一句哲學名言來說，「法行故法在」，無人防守的邊界其實算不得邊界。由於無人把守，實際邊界便暗自移動，名義邊界也會羞答答地漸漸跟上，上述四個朝代的故事裡都有這個程式。

「行爲邊界」這種說法，來自海瑞的同鄉門生梁雲龍。梁先生官至湖廣巡撫兼右副都御史（監察部副部長），在《海忠介公行狀》❾一文中，他把海瑞最後一次出山的主要工作概括爲「正官民界限」。他說，南京一帶的火甲組織（近似如今的聯防），本來並沒有雜差，如今南京的千百官員卻利用這個系統，攤派各種勞務和費用，官吏侵犯平民，百姓把官吏看成病害。

海瑞重新制訂規矩，一項一項地削減攤派，將官民界限重新調正了。

梁先生的說法可以幫助我們拉開視野。海瑞最後一次出山，幹了三件驚世駭俗的事，其實質都屬於「正疆界」。建議恢復嚴刑是其一，大規模削減攤派是其二，杖責御史是其三。前兩件已經說過，無須解釋。第三件杖責御史，相當於文革時期給一位處長戴高帽子坐噴氣式飛機開批鬥會，而這麼做的原因，不過是該處長違反紀律，吃喝玩樂唱卡拉ＯＫ——「宴樂遊戲」。據說，海瑞將部下的御史召集一堂，問道：你們大概聽說過高皇帝（朱元璋）頒布的杖打御史的法令吧？說完就下令行杖，眾御史大驚，爭辯勸解。至於勸解是否管用，最後到底有沒有打成，後世有兩種流傳版本，不過前半段故事卻是一致的。

國家幹部領取的工資，號稱是皇家發的俸祿，最終來源於百姓。國家幹部辦公，可以看作爲皇帝服務，也可以看作拿百姓的錢爲百姓幹活。奈何這些幹部光拿錢卻不好好幹活，還要貪贓枉法，這既侵犯了百姓的疆界，也侵犯了皇權的疆界。海瑞忠君愛民，高舉義旗，反擊官吏集團的侵略蠶食，結果，用他自己的話來說，很快就感覺到「窩蜂難犯」，攻擊者連他家裡的婆媳關係和妻妾關係都抖摟到皇上面前。由此可見，官僚集團對自己的疆界把守甚嚴，反應迅速，反擊有力，而且不擇手段。

正義的邊界爲什麼總要老呢？這與把守者的態度有關，與情報的準確和及時有關，與攻守雙方的人數組織和裝備有關，不過這已經是另外一個話題了。且不管我們如何解釋這種現象，邊界的兩邊較量了數千年，進退生死，歷史一遍又一遍地兀自重複著。

注釋

❶見《明史》海瑞列傳，另見《海瑞集》附錄，中華書局，一九六二年版。
❷《較量——中國反貪歷程》，王傑、劉振華主編，江西教育出版社，二〇〇二年版。
❸同上，第三八八頁。
❹參見劉斌《雙百貪官犯罪緝要》、以及www.chinanews.com.cn。
❺轉引自《較量——中國反貪歷程》，第三六四～三六六頁。
❻同上，第八六頁。
❼同上，第九五頁。
❽同上，第八二頁。
❾見《海瑞集》附錄。

12 出售英雄

中國歷史上有許多這樣的英雄，在他們可以挑撥激化事態，可以裹脅和利用民衆的時候，主動放棄自己的最後一線希望，挺身當了民衆貢獻給統治者的犧牲。

爭取公平納稅

清朝咸豐二年（一八五二年）舊曆二月，浙江寧波府鄞縣的農民因兩項土政策鬧事，放火燒了寧波和鄞縣的衙門。挑頭反對稅收土政策的人叫周祥千，領頭反對食鹽專賣土政策的人叫張潮青❶。

鄞縣百姓納稅，要用不同顏色的紙張封錢投櫃。貧民碎戶用白封，紳衿大戶用紅封。紅封免交官吏敲詐勒索的那部分「陋規」，於是小金庫和官吏衙役的灰色收入全扣在了小民頭上。眾小民議論起來，自然切齒怨恨，可是幾十年過去了，誰也不敢帶頭鬧事。

周祥千是個監生，像如今的大學生一樣屬於候補幹部階層。作爲紅封階級的一員，他竟然也說土政策不公道，而且幾次動心，邀集大戶聯名向縣政府遞交請願書，「請糧價一例徵收」，只是大戶們不肯簽名。

這年正月喝年酒，一些客人到周祥千家，大家又聊起紅白封的事。客人們攛掇周祥千領頭請願，眾人表示大力支持。周祥千被鼓動起來，與眾人一起去附近的地神廟求籤問神，看看這事辦得辦不得。籤上說，此事吉利，今年就可以成功。一個半世紀之下，我仍能體會周祥千當時的心情：神籤說可以成功，眾人又衷心擁戴，勝利的凱歌先在心中奏響，一股英雄氣迴蕩胸中，熱血衝頭，舉止也平添了幾分將帥氣概。周祥千當下就在神廟向各鄉發出通知書，邀集糧戶在指定的時間進城請願，「請平糧價」。

「請平糧價」是一個容易發生誤會的詞。取消紅白封的差別是平糧價；取消所有額外需索，按照正式規定的數目徵收錢糧也是平糧價。當時鄞縣的縣太爺姓馮，他聽說周祥千領頭在廟裡「聚議糧事」，立刻派差役將周祥千抓到縣裡問話。馮太爺認為周祥千倡議的平糧價就是「減糧價」，而糧價一減，他本人的灰色收入就要受影響。周祥千分辨說，他們要求的是平紅白封，言外之意是馮太爺不必擔心，官府的利益不會受影響。馮太爺不由分說，以聚眾的罪名將周祥千關進監獄。

在任何時代的專制政府眼裡，「聚眾」都是重罪。《大清律例》規定：「抗糧聚眾，或罷考、罷市至四五十人，為首者斬立決。」斬立決就是立即斬首。「如哄堂塞署，逞兇毆官，為首者斬梟示。」而斬梟示就是將頭砍下懸在桿子上示眾。而參加鬧事的群眾，按照刑律規定，即使屬於被脅同行，也要「杖一百」❷。

上個世紀初的寧波碼頭

周祥千入獄之後，攛掇他領頭鬧事的人們很過意不去，鄉民們也恨恨不平。

重劃市場份額

周祥千是鄞縣南鄉人，而鄞縣的東鄉人在兩個月前也鬧過一場，領頭人張潮青也被馮太爺關過。

東鄉靠近海邊，當地人吃鹽都買「私鹽」。私鹽販子與官家特許的鹽商競爭很激烈，從價格上說，鹽商爭不過私鹽販子。同樣的鹽，私鹽沒有稅收負擔，鹽商卻要以高價從政府手裡購買運銷許可證，在術語中這叫鹽引。商人想把市場奪回來，只能依靠政府，利用法律掐死私鹽販子。於是鹽商就展開了影響立法和執法的政治努力。

《大清律例．戶律．鹽法》嚴禁買賣私鹽，賣私鹽者發配二千里充軍，買私鹽者杖一百。但是立法者也明白，管住海邊小民幾乎是不可能的，於是網開一面：沿海的貧難小民，背裝手提少量私鹽，換取穀物，以維持生計者，不在治罪之列❸。鄞縣東鄉就屬於這種手提肩背的私鹽販子的地盤，名曰「肩引」之地。這種局面從清朝開國一直持續到乾隆（一七三六～九五年）年間，各方相安無事一百餘年。

乾隆數次南巡，江南鹽商的銀子花得如流水一般，將皇上伺候得身心舒暢，鹽商的地位迅速上升。鹽商們藉機擴展市場，經過一系列活動，中央政府批准了鹽商的請求，肩引之地也必須買鹽商的鹽了。從邏輯上說，這項新政策與級別更高的《大清律例》有衝突之處，似乎有點中央級的「土政策」的味道。不過這種現象並不稀罕，從儒家的治國理論到聖旨到中央政府的「律例」和「部案」，再到地方官府的「告示」，最後落實到實際執行的「陋規」，或者翻譯成現代語言，從憲法到最高指示到法律到中央文件到地方政策再到大家眞正遵行的潛規則，每一級別的規矩與上一級別的規矩比起來，都難免有些衝突或墮落之處。這很容易造成「輿論導向」的混亂，周祥千便大有被儒家經典的「錯誤導向」教壞了的嫌疑。這些話說來容易添亂，我們還是專講鹽商影響政策的努力。

有了中央文件，還要將文件精神落到實處。到了道光初年（一八二三年左右），地方官府已被全面買通，鹽商的意願成了官府的決定。恰好一位鹽商的兒子得了科名，他的房師又到寧波當官，利益

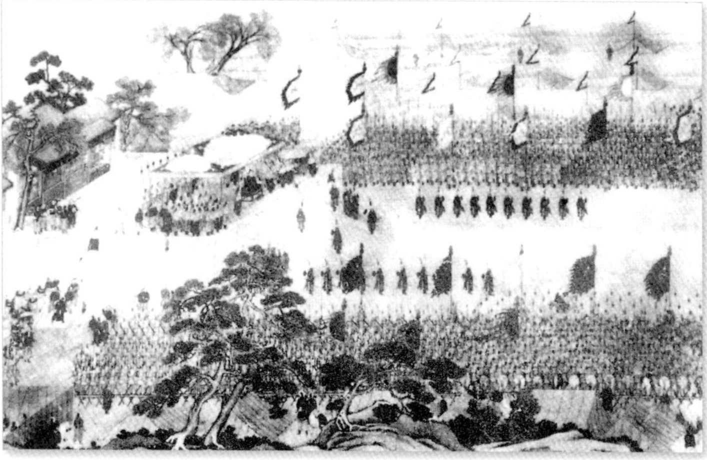

乾隆南巡圖

乾隆數次南巡，江南鹽商的銀子花得如流水一般，將皇上伺候得身心舒暢。

加上情面，執法便空前嚴厲起來。多方緝捕，廣爲偵察，只要發現誰家的鹽不是從商店買的，就要以食私鹽治罪。這不僅增加了消費者的開支，也斷了肩販們的生路。於是衝突日漸增多，肩販和消費者忍無可忍，在張潮青的積極活動下聯合起來，要求政府主持公道，恢復原來的鹽界。當地政府派官員下去調查，認爲商人侵占了肩販引地，失業問題嚴重，長此下去恐怕要出事，最好能恢復老辦法。調查結果報到省裡，領導不同意，嘲笑調查者說：你有能力更改中央文件嗎？

政府不肯修改政策，民間就想辦法鬧。大概在周祥千入獄前兩個月，浙江巡撫（省一把手）到寧波招安海盜，寧波府和鄞縣爲了保護領導安全，先整頓社會治安，抓了一些在逃犯和不安定份子。這時商人們就攛掇鄞縣的馮太爺將肩販運動的急先鋒張潮青抓起來，馮太爺果然差人將張潮青拿了。

巡撫到寧波後，東鄉人便進城請願，懇請釋放張潮青。張潮青有一個助手，叫俞能貴，勇悍善鬥。他們二位還有一個軍師，叫李芝英，和周祥千一樣也是監生。李芝英善計

製鹽圖和鹽商圖

富商和貧民都想影響官府，富商用錢，貧民用命。

畫，有謀略，進城請願大概就是這兩位組織的。鄉民們恭恭敬敬，在衙門前燃香下跪，求保張潮青。據下一任鄞縣縣令段光清說，馮太爺當時有一個錯覺，以爲有省最高領導在城裡鎮著，鄉民必定不敢鬧事，因此任憑鄉民在那裡跪香，根本就不理睬他們。但馮太爺忽略了一個問題：鴉片戰爭後官府在百姓心目中的威信大降，老百姓打心眼裡看不起這個欺軟怕硬、缺德無恥的政府。既然軟求無效，鄉民便改爲硬幹，眾人擁入監獄將張潮青搶出。巡撫慌了手腳，放號炮調集正規軍，結果出乎所有人的意料，官兵一個也沒有露面。

五個多月後，周祥千與縣太爺段光清談起此事，介紹了民眾的心理：官既不足以服民心，兵又不足畏，省最高領導在鄞縣尚且如此，大家還怕什麼呢？

咸豐二年二月二十日，鄞縣鄉民蜂擁入城，將寧波府和鄞縣縣署團團圍住，先將周祥千搶了出來，再將一向剛愎暴躁的寧波知府押到城隍廟的戲台上，凌辱威嚇，逼著他出了一張平糧價的告示。眾人鬧得興起，乾脆將寧波府衙門搶掠一空，再放一把火燒了。接著又搶掠燒毀了鄞縣衙門，搗毀了徵收錢糧的房屋。得意濃時，鄉民們難保不生出阿Q參加革命的感覺，威風凜凜地將許多城市居民一併搶了。

文武各有利害

「哄堂塞署、逞兇毆官」已是梟首的罪過，燒毀衙門簡直就是反了。主管全省治安的浙江臬台（即按察使，省裡的三把手）立即親自掛帥，調兵遣將前往鎮壓。同時，省裡委派能員段光清出任鄞縣縣令。

鄞縣百姓也知道事情鬧大了，人心驚惶，擔心官府的報復。段光清到任的次日，便針對這種擔心，不帶任何武裝人員，讓一個差役舉著「鄞縣正堂段」的牌子，帶著一個書役負責傳話，下鄉巡視安定人心。他讓書役傳來幾個老民問話。

段光清問：你們眞要一縣同反嗎？

老民紛紛表示不敢反。說他們聽周祥千講，完糧有紅白兩封的名目，太不均平，大家入城只是請平糧價。

段光清道，連衙門都燒了，還說不敢反麼？眾老民驚恐起來，問他如何是好。段光清便使出分化瓦解策略，建議他們先把自己摘乾淨，各自寫一份呈文，聲明本村並未進城鬧事，應完錢糧也情願照常交納。這樣寫了，即使將來官兵來抓周祥千，也不干你們的事。於是東南西北各鄉紛紛具呈，不過五天，段光清就收到三百八十多份呈文，在書面上與周祥千劃清了界限。

民間的經驗很豐富：官兵平叛是非常殘酷的，大兵過處，燒殺擄掠，雞犬不留。官府也不隱諱這一點，有時還特別在告示上聲明「不日大兵雲集，必至玉石不分」。所以，村民寫呈文，等於在身家性命和道義責任之間做出選擇，不存在兩全之道。

正當段光清的分化策略初見成效之際，浙江臬憲和運憲統帥的數千官兵開到寧波。臬憲運憲都是省級文職大員，軍隊方面則有副將和參將，屬於從二品和正三品大員，正四品的地司級幹部和七品的縣級幹部還有許多。

地方官並不願意軍隊進自己的地盤。清兵腐敗，是蝗蟲一般的禍害，更何況分化策略已見成效，百姓情願完糧，剩下一個周祥千，鄞縣的捕役足以對付了。因此鄞縣和寧波府都反對用兵，但是軍隊方面有自己的利益。首先，軍方並不認爲這是眞的平叛。一群老百姓鬧事起哄，烏合之眾，大軍一到早就嚇酥了，所以這行動是沒有風險的。其次，名義上這就是平叛。轉一圈，抓幾個人，砍一些腦袋，幹部們便可以邀功請賞，這是升官發財的捷徑。士兵們姦淫搶掠，也會有許多收穫。因此軍方堅持用兵。

一連數日，隨軍的文武官員們天天帶著兵下鄉拿人，可是周祥千早已逃跑。軍方很不過癮，就主動擴大行動範圍，要去東鄉抓張潮青。三月二十五日，一群官兵到東鄉的石山衕拿人，沒找到張潮青和俞能貴，便很過癮地搶了許多財物，燒了兩間民房，順便抓了十三個人帶回去請功。東鄉人憤恨不平，鳴鑼聚眾抵抗官兵，官軍見勢不好便逃回城裡。

聽說東鄉人聚眾抵抗官軍，臬司決計發大兵鎭壓。咸豐二年舊曆三月二十六日黎明，官軍亂哄哄地登上百餘條緊急徵調的民船開往東鄉，搖船的船夫基本都是東鄉人。帶兵的是張副將和薛參將，相當於現在的軍級幹部。直到這時，官軍好像也沒有

清親兵營

官兵平叛是非常殘酷的，大兵過處，燒殺擄掠，雞犬不留。

眞正準備打仗，登舟前只管抱怨地方官伺候得不夠周到，在開往東鄉石山衖的路上，官兵沿岸燒毀民房，搶劫財物，就連臥床產婦的衣被也奪走了。

面對數千屠夫，東鄉人除了拚命無路可走。運兵船過了一道浮橋，開到了一座廟前。早已埋伏在此的東鄉人開炮轟擊，炮聲一響，鄉民蜂擁而出，官軍頓時大亂。船上的官兵被炮打死無數，上岸的又被砍翻，緊急後撤的船退到浮橋，又被橋上攔截的鄉民殺掉。這一仗，官兵死了二百多人，文武官員死了二十多人，俞能貴一人就親手殺了十多個官兵。張副將被打死拋到河中，薛參將被鄉民活捉。據後來趕去談判的段光清說，河邊死屍亂倒，河水紅流，他認識的幾個縣級幹部一絲不掛地倒在河邊，河裡還有半浮半沉的屍首。

這一下，等待報捷的臬司運憲傻眼了。城中商店紛紛關門，城裡哄傳東鄉人要進城活捉臬司。第二天，隨軍的所有委員一概逃得不見蹤影，臬司說了一句「我等在此，事更不可測」，也和運憲一起在半夜溜了，將爛攤子留給地方官收拾。

打破僵局

在我看來，地方官處理此事的辦法非常高明，周祥千的表現更是令人敬佩。

卻說鄞縣縣令段光清趕到東鄉談判，「交換戰俘」，收拾屍首，最必要的事情做完之後，竟然撒手不管此事了。他說這是省領導的事，他管不了。而東鄉老百姓的目標無非是恢復「鹽界」，要回被官兵抓走的十三個人，像過去一樣安穩過日子。他們並沒有推翻政府的野心，但又不敢掉以輕心。張潮青和俞能貴在鄉親們的支援下，組織起一支民兵隊伍，站崗放哨，提防官兵偷襲報復。雙方就這樣不明不白地僵持著，不知何時才是了局。

轉眼就到了四月。由於從正月就開始鬧平糧價，接著又抓人又開仗，人心惶惶，早該徵收完畢的錢糧至今尚未開徵。鄉民早就寫了保證書，願意交納錢糧，早日安定下來。政府則怕刺激百姓鬧事，不敢徵收錢糧。正在猶豫之際，段光清收到了一封匿名信。

匿名信的大意是：如果不開徵錢糧，動亂就不能算結束，而鄞縣徵收錢糧向無定價，您持平定價，民情自然配合，爭先恐後地交納。假如把折算率定爲每兩銀子二千六百文，取消紅封白封的差別，民間心平，官府的開銷也夠了。如此立即開徵，人心自定，百姓各安生業，原來跟隨周祥千進城鬧事的人，必定不肯再當他的黨羽，周祥千就被孤立了。周祥千孤立了，東鄉的張潮青和俞能貴還能長久爲患嗎？

段光清讀了匿名信，便請來眾紳商量。眾紳表示，信中觀點平允，但不知道鄉民接受不接受。段光清說，如此定價，只怕紳衿大戶不肯，你們既然說平允，此事就算定了。於是開徵錢糧。果然一切順利，人心大定。

西元前二〇一年，劉邦平定天下不久，就逮捕了爲他打天下的大英雄韓信。韓信被綁在後車上，感歎道：「果若人言，『狡兔死，良狗烹；高鳥盡，良弓藏；敵國破，謀臣亡。』天下已定，我固當烹。」❹韓信畢竟是大英雄，一句「我固當烹」，道出了對現實清醒而深刻的認識。現在鄞縣也到了「天下已定」的關頭，大家要過平常日子了。假如沒有危險，老百姓還不妨保持對昔日英雄的尊敬。如果英雄只能給百姓招致官府的報復，他就成了多餘的禍害。

開徵錢糧不久，周祥千便到官府投案自首。城鄉大眾聽說周祥千前來投案，觀者如堵，人聲鼎沸。周祥千坦然坐在大堂的地上，等著官府來拿，而寧波畢知府驚魂未定，聽到外邊的喧鬧，嚇得不敢出來見周祥千。段光清被招到現場，在眾目睽睽之下握住了周祥千的手，說：大丈夫做事一身承當，你今天來這裡，毫不波及同鄉，眞不愧爲大丈夫！說著，掃視圍觀的民眾，朗聲道：要不是周祥千今天來，恐怕你們的身家都不得安靜。你們都應當感激周祥千一人！此話一說，那圍觀的人山人海頓時波瀾不興，一片肅靜。

從全局看來，這是決定周祥千命運的最後關頭。設身處地替那些看著周祥千跳入虎口的鄉民想一想，他們的內心是有愧的。他們暗自希望周祥千投案自首，所以不會認眞勸阻他。現在他眞來投案了，卻加強了他們心中的愧疚。此時此刻，如果官府的態度稍有失誤，那怕是動他一個手指頭，就可能有人繃不住大聲喊打，再次鬧翻天。

進了後堂，段光清與畢知府商量了一個辦法，認爲此案不能在這裡辦。按律條懲辦周祥千，民心不服；釋放周祥千，案子太重，對上頭交代不過去。最佳方案，莫過於把此案推到上邊，請周祥千到上邊投案。周祥千一走，圍觀的人自然就散了，此事就徹底平息了。到了省上，還要建議緩辦此案。立即嚴辦，石山衕的黨羽就不易散夥了。商議已定，當天便禮送周祥千赴省投案。到了臬司那裡，他們果然整天酒肉款待，顯示了對周祥千的人格的尊重。

時隔一個半世紀，我在書本和實際生活中見過了一些類似的事情，便知道周祥千還是有其他選擇的。投奔「解放區」自不必說了，更有利於鬧事首領的策略，就是把事情挑大，得寸進尺地將目標提高，讓官府難以讓步。對周祥千來說，最理想的結局就是激化官府和民眾的衝突，聯合東鄉揭竿而起，率領一支人馬加入太平天國運動，甚至自己鬧出一場太平天國運動。那些中農自然是不容易捲入的，但是還有貧農，還有鬧事的積極份子，可以利用他們組建糾察隊，嚴厲打擊一切企圖與官府妥協的機會主義傾向。按照律條，周祥千反正也是一死，何不鬧他個痛快？中國歷史上有許多這樣的英雄，在他們可以挑撥激化事態，可以裹脅和利用民眾的時候，主動放棄自己的最後一線希望，挺身當了民眾貢獻給統治者的犧牲。我對他們充滿同情和敬意。

天下已定，英雄當烹

假如周祥千不去投案自首，我們也能根據張潮青和俞能貴的遭遇推測出他的結局。段光清去石山衕談判的時候，與張潮青和俞能貴的謀主李芝英私下交換過看法。段光清問李芝英最後是不是要造反，李芝英說，百姓抗官出於無奈。官府不問罪，百姓就不會主動進攻。段光清也告訴他，此事鬧大了，官府不可能完全不問罪，但只要抓到挑頭的人，也可以敷衍了事。段光清勸李芝英及早爲自己考慮後路。李芝英沒有接茬。

周祥千投案後，段光清通過一個醫生約李芝英私下會晤，以免罪的許諾換取他的合作。李芝英此時面臨的抉擇是：或者與官府合作，或者造反。與官府合作，乾脆說就是當叛徒，是個人風險最小的選擇；不合作，長期拖延下去肯定不是了局，東鄉不可能長期維持一支足以對抗政府的軍隊，那就要將事情鬧到造反的程度。事實上當時已經出現了這樣的主張，一個鄰縣的舉人，建議他們先打下寧波，再打下紹興，然後占領杭州，同時派人與廣西的太平天國取得聯繫。這個徹底革命的方案顯然很對張潮青和俞能貴的心思，舉人的名頭也比李芝英這個監生高一大截，因此這位舉人幾乎成了東鄉的謀主。目前企圖造反的領袖正努力說服大家跟他們幹，所謂「日揚狂言，煽惑人心」。如果李芝英選擇這條路，風險極大不說，利益也很不確定，畢竟謀主的地位已經歸了舉人。

李芝英最後選擇了與官府合作，他建議立刻劃定鹽界。這大概是良心上最容易通過的背叛方式：出賣了造反首領，卻爲鄉民爭來了實際利益。段光清立刻接受，備下上百根石柱，刻上肩販地界的字樣，同時曉諭全縣。界樁很快就大張旗鼓地安插到位，「天下已定」的局面又在東鄉形成了。

李芝英明白此事的意義，界定之後，便臥床不起，好像大病了一場。俞能貴前往探病，李芝英流淚道：鹽界既然定了，大家各自安居，誰還肯和我們一起抗拒官兵呢？我也要像周祥千那樣去投案自首了。俞能貴這時才明白過來，罵道：原來我們中了畢、段二賊的計了！鄞縣那位舉人也明白大勢已去，當晚潛逃回鄉。

進入五月，張潮青和俞能貴仍然占據石山衙，而跟隨者卻日益減少，最後只剩下十餘人，而且防衛懈怠。時機成熟了。

官府方面繼續貫徹分化方針，發布公告，專拿張、俞二人，其餘概不株連。公告說，鄉民有能擒兩犯送案者，每名賞洋八百元。以糧價折算，這筆錢大約有六十幾萬新台幣，三四十戶農家苦幹一年也未必能掙這麼些錢，其誘惑力可想而知。

六月的一天，段光清正在坐堂問案，街上忽然大亂，哄傳東鄉數百人手持器械蜂擁入城。正詢問時，一個穿著濕衣服的東鄉鄉民跪到堂前說，他們把張潮青抓住送來了。他說，昨夜張潮青自石山衕潛回村裡，村中數百家共同商議，說縣裡已經出了告示，只抓張、俞兩人，不連累東鄉，而且有重賞。我們東鄉為什麼不拿張潮青歸案，以保東鄉安寧呢？於是全村同心，黎明時分一起行動。張潮青聽到風聲，翻後牆逃到河裡，鄉民又在河裡捉住他。現在我們鄉民一同來送張潮青歸案。

變心的計算

在最後結案之前，我想站在鄉民的立場上算算帳。他們一直隱蔽在幕後，卻又是真正的主角，他們的利益和心態是如何變化的？

假定這位白封小民是一戶殷實的中農，有五、六口人，十五、六畝地，五、六間房的院落，總計百餘萬新台幣的家產。純粹從經濟角度計算，他願意帶頭鬧事嗎？

清朝各地徵收的地丁銀子數量不一。以每畝一錢二分計算，十六畝地約交二兩銀子，這筆銀子是折錢交納的❺。按照土政策，白封小民以三千二百文錢折銀一兩，紅封紳衿卻按市價以二千二百文錢折銀一兩。這一場大鬧如果成功，與紅封階級享受同樣的折算率，該中農每年可以少交二千文錢。以糧價折算，這個數字大概相當於五百一、二十元新台幣❻。但是全交紅封，政府的小金庫就空了，官吏衙役一點外快也沒有了。這個目標太高，恐怕不能指望。真正有可能實現的結果，是大家分擔陋規，紳衿不要按二千二百文折，小民也別再按三千二百文折，折中之後再減少一點，大家都按二千六百文折。這樣算來，鬧事的利益也就是每年少交一千二百文錢，約合新台幣二百八十元左右。這大概相當於中農全家七、八天的生活開支。

這筆錢足以讓他動氣，讓他願意參加鬧事，但是不足以讓他挑頭。假如他是四十出頭的男人，在中國社會摸爬滾打多年，自然知道政府是多麼不好說話。不管小民的請願有理沒理，公道不公道，只要他看著不順眼，說抓你就抓你，說殺你就殺你，最後肯定還是政府有理。帶頭惹政府生氣，不是玩命也是玩火，這風險豈是百八十塊錢所能抵償的？把那十萬家產都搭上，也未必抵償得了！

算清了這筆帳，我們就可以理解為何潛規則通行數十年而不遭抵抗。大家都願意搭便車，最多不過出力拉拉邊套，誰也不肯駕轅。駕轅者必須是一個不計較物質利益、不怕或不知風險、同時又有號召力的人。受儒家理想主義精神薰陶的周祥千恰恰滿足了這些條件。他是紅封階級的一員，卻熱情地為白封階級爭取道義要求的公正。這樣的人，即使在讀聖賢書的環境裡也是不常見的。所以，在他入獄後，那些願意鬧事又不敢挑頭鬧事的中農，難免會在害怕和慶幸之餘，感到憤慨和良心的

晚清官府聽審的場面

衝動。張潮青入獄後，東鄉人的心理也應該類似。只要別太危險，他們當然想踹官府一腳，同時也為周祥千和張潮青做點什麼。

那麼究竟有多大危險呢？在那段時間裡，江南的空氣中瀰漫著騷動的氣息。用段光清的話說，就是「人心思變」：大家都感到世道要變，都期待著某種重大社會變化的到來。洪秀全在廣西建立了太平天國，隨後向江南進軍，一路如摧枯拉朽，勢不可當——這既是人心思變的結果，也是人心思變的原因。此外，儘管鴉片戰爭已經過去了十來年，官軍的無能仍然被全社會恥笑。本來軍官們帶著頂子上街，騎在馬上，是一件很威風的事情，戰爭過後卻威風不起來了。寧波的老百姓指指點點，笑話他們遇到洋人就扔了頂子逃命，見到老百姓就戴上頂子揚威，於是軍官上街便不再戴頂子招罵。政府內憂外患，財政拮据，被迫削減馬糧，軍官們上街連馬也不騎了。官府的表面威風和實際威懾能力雙雙下降，鼓起了民間鬧事的膽量。

總之，只要不是領頭，民眾有願望也有膽量劫監獄燒衙門。

事情鬧大之後，利害格局突變，鄉民的身分轉變為暴民。此時，鄉民的第一願望是不要遭到官府的報復，為此連平糧價的要求也可以放棄——爭取收益是第二位的，先要保住本。這個前提保住後，平糧價的目標可以盡量爭取。政府若厲害不妨退讓，政府若退讓就該堅持。假如官府以平息事態為第一目標，不僅承諾不報復，連平糧價的要求也一併滿足，周祥千這顆火種便如同落入了濕柴。此時，交納錢糧並拋棄周祥千，乃是符合鄉民利益的理想選擇。

最需要費心理解的要算捉拿張潮青，但我們不妨設身處地想一想。自從縣裡打樁定界，兩個月過去了，他們還在那裡鬧個沒完，這不是給鄉親們惹禍嗎？開始大家還不好說什麼，也願意湊錢維持他們的自衛團。但政府滿足了買賣私鹽的要求，又說了不株連百姓，大家就沒道理繼續支持他們了。看看人家周祥千，好漢做事好漢當，對比之下，張潮青和俞能貴不能不掉價。至於懸賞，幾百戶平分六、七十萬元，每家也不過一兩千塊錢，有誘惑，但不足以糊弄良心。關鍵不在錢。關鍵在於，一旦有人倡議抓他，村裡開會人人表態，如果大家都不反對，個別人即使不情願，也不敢反對，不敢不參加行動。而利害計算告訴我們，從根本上鄉民們是不會反對這類倡議的。另外一方的風險計算也會告訴我們，倡議者一定不願意單幹，一定要召集全村開會，以免在萬一失利的情況下單獨面對張潮青和俞能貴的報復。

從頭到尾分析起來，民眾未必是毫無心肝的群體，他們的許多行爲可以在社會制度的特徵中得到解釋。這個社會的制度造成了要麼全部、要麼全不的艱難選擇。從本心來說，百姓開始並不願意鬧事，後來也不願意出賣英雄。不過，開始的平糧價的願望，後來的對周祥千和張潮青的同情和敬意，很難找到表達的正常途徑。假如周祥千或張潮青組織了一個農會，或者發動了一場訴訟，必定有許多人願意交納會費，願意捐款請律師，就好像他們願意維持自衛團一樣。這樣做既是合理的，又是合算的，還沒有多大風險。在一個設計合理的社會裡，這些人力和財力應當可以幫助百姓爭取到法律承諾的公平，還可以使領頭人名利雙收，鼓勵他們以後繼續帶頭。問題在於，專制制度不允許集會結社，不許大家集資維護自己的政治利益。於是，可以克服搭便車障礙的、挑頭談判的主體無法組成，同時掌權者又一手遮天，民眾也找不到與官府討價還價的既和平又合法的其他途徑。重大的利害關係不能及時調整，結果只好體現爲暴烈的兩個方向的極端。

重歸太平

張潮青歸案了。段光清當時就拿出八百大洋讓鄉民去分，他說還有八百，爲什麼不把俞能貴一塊抓來？鄉民拿了錢，喜道：我們這就去石山衕抓他，太爺在後邊慢慢走，只要他沒跑，一定逮住他。眾人趕到石山衕，俞能貴早聽到消息跑了。鄉民們便將俞能貴的家眷和送信讓他逃跑的親戚抓來——這些人是引導或發起報復的隱患，清除隱患的行爲應該不難理解。段光清後來說，他宣布過不株連他人，也知道將家眷送到省裡便難以活命，但是鄉民既然送來了，他也不敢放，只是不給錢罷了。於是鄉民散去。

一個月後，有鄉民送信，說俞能貴躲到奉化海邊山上的庵裡，鄞縣的鄉民不好越出縣境去抓。官府派了十幾個兵丁趕去，果然將俞能貴抓獲，裝到木籠裡，送到省上。很快，省裡按照《大清律例》的規定，將周祥千、張潮青和俞能貴「斬梟示」，首級解回縣裡懸掛示眾。

周祥千的妻子從此發了瘋，整天在南鄉的田野裡亂跑。東鄉人覺得張潮青和俞能貴起初也是

行刑照片

1889年，親眼看見斬首場面的法國攝影師說：犯人被殺前要跪著，周圍是一群人圍觀，都無動於衷，犯人也不怕，於是咚的一聲，頭就被砍下來了。

爲了鄉親，懇請不要懸掛首級了，免得鄉民「目擊心傷」。官府接受了建議，讓地保將三顆腦袋埋了。

注釋

❶整個故事來源於段光清：《鏡湖自撰年譜》，咸豐二年。中華書局，一九六〇年第一版。

❷轉引自張晉藩主編《中國法制史》，群眾出版社，一九九五年，第四五七頁。

❸轉引自（美）布迪和莫里斯：《中華帝國的法律》，江蘇人民出版社，一九九五年，第二二九頁。

❹《史記．淮陰侯列傳》。

❺清代浙江省田每畝科銀的幅度從三分二厘至一錢四分三厘不等。另加米一合一勺至一斗九升六合七勺不等。參見袁良義：《清一條鞭法》，北京大學出版社，一九九五年第一版，第一二〇頁。我在這裡以每畝七分銀子另加三升米的稅率計算。

❻據段光清《鏡湖自撰年譜》道光二十九年記載，浙江海鹽一帶平年的米價爲每升三十四文，災年時民間米價每升五十文。

13 崇禎死彎

理解中國歷史和國情的關鍵，恰恰在於搞清楚隱蔽在漂亮文章下邊的實際利害格局。沒有這種格局的保障，那些漂亮規定不過表達了政府的善良願望或者騙人唬人的企圖。

致命的U形彎

崇禎十七年（一六四四年）舊曆三月十九日，是明朝最後一個皇帝朱由檢上吊自殺的日子。在此二十多天前，內閣大學士（類似現在的副總理或政治局委員）蔣德璟和皇上頂嘴，說了幾段爲時已晚，但在我看來仍然非常要緊的話，惹得皇上大怒，蔣德璟也因此丟了官。

這次頂嘴起源於對加稅的不同看法。五年前，崇禎十二年春，皇上在全國範圍內加派七百三十萬兩白銀，作爲練兵費用，叫做練餉。這是崇禎即位之後的第四次大規模加稅，全國人民的納稅總額至此幾乎翻了一番。皇上加稅確實也是出於無奈。中原一帶的農民造反還沒有平息，滿州又鬧翻了天。就在決定加稅的一個多月前，清兵在河北山東一帶縱橫蹂躪二千里，擄掠人口牲畜五十餘萬，還在濟南殺了一個德王。人家大搖大擺地殺了進來，又大搖大擺地滿載而歸，明朝的官軍竟然縮做一團不敢跟人家交手。這樣的兵豈能不練？練兵又怎能不花錢？不過皇上也覺得心虛，稅費一加再加，老百姓方面會不會出什麼問題？楊嗣昌是當時的兵部尚書，類似現在的國防部長，他辦事認眞，聰明幹練，替皇上做了一番階級分析。

楊嗣昌說：加稅不會造成傷害，因爲這筆錢是加在土地上的，而土地都在豪強手裡。楊嗣昌以上次加徵的剿餉爲例，一百畝地徵三、四錢銀子，這不但沒有壞處，還能讓豪強增加點負擔，免得他們錢多了搞土地兼併。這種分析聽起來頗有道理。

皇上還聽過另外一種支持加稅的分析。崇禎十一年考試選拔御史，一位來自基層的名叫曾就義的知縣也說可以加稅。他說關鍵的問題在於地方官不廉潔，如果他們都廉潔了，再加派一

崇禎像

這位年輕人當了17年皇上，滿心焦慮，處理天下特大號難題，自殺時只有33歲。

崇禎手跡

筆跡專家認為：崇禎的字體標明他心胸狹窄而剛愎自用，偏頗而急功近利，見識不足，經歷太淺。

些也未嘗不可。皇上覺得這種觀點很對心思，便將他的考試名次定爲第一，又升了他的官❶。據說曾知縣爲政廉潔，他的見解想必是有感而發，在邏輯上也絕對正確。從百姓負擔的角度看，腐敗等於一筆額外的重稅。假設眞能減去這筆「腐敗稅」，多派一些軍餉當然無妨。

有了這些分析的支持，皇上又徵求了另外兩位內閣大學士的意見，這二位也贊成加稅。於是皇上拍板定案，加徵練餉❷。假如是現在，決策者大概需要追問一些數字，譬如腐敗造成的額外負擔究竟有多重，有把握消除多少？究竟有百分之幾的土地在豪強手裡，又有百分之幾的土地在自耕農手裡？豪強們的佃戶負擔如何？等等。奈何帝國的最高決策者和他的顧問都不擅長定量分析。

一晃練餉徵了五年，原來企圖解決的問題不但沒有解決，反而加重了。官軍照樣不靈；清兵還在鬧著；李自成更由戰略性流竄轉爲戰略性進攻，從西安向北京進軍，已經走到了大同一帶；楊嗣昌本人也在與張獻忠的作戰中失利自殺。這到底是怎麼回事？是不是需要檢討一下大政策了？這時一位叫光時亨的給事中（近似總統辦公室負責監察工作的祕書）給皇上寫了份奏疏，他認爲，加徵練餉的政策是禍國殃民的政策，應該追究倡議者的責任。

按照規矩，這份奏疏先由內閣大學士過目，替皇上草擬一份處理意見，再交皇上最後定奪。於是內閣大學士蔣德璟就替皇上草擬了一段話，大意是：以前的聚斂小人，倡議徵收練餉，搜刮百姓，導致人民貧窮，種下了禍根……。皇上看到這段話很不高興，這練餉明明是他拍板徵收的，蔣德璟卻說什麼「聚斂小人」，誰是小人？皇上把蔣德璟叫來，當面問道：聚斂小人指的是誰？

蔣德璟心裡想的小人是楊嗣昌，但楊嗣昌死在崗位上，皇上對他一直心存好感，蔣德璟不敢直說。皇上心裡想的小人是他自己，他懷疑蔣德璟在指桑罵槐，非要問個明白。於是蔣德璟就拉出一隻替罪羊來，說他指的是前任財政部長。皇上不信，爲自己辯護道：朕不是聚斂，只想練兵。

蔣德璟道：皇上當然不肯聚斂，不過那些部長的責任卻不可推卸。他點出了一連串徵稅的數字，任何人聽了都會感到這是搜刮百姓；同時他還點出了一連串兵馬的數字，任何人聽了都會明白練兵毫無成績。搜刮了巨量的銀子，卻沒有練出兵來，這究竟應該算聚斂還應該算練兵，已經不言自明了。

後邊的話還長。總之是蔣德璟頂嘴，皇上震怒，蔣德璟又爲自己申辯，諸位大臣替他講情。最後財政部長主動站了出來，說本部門的工作沒有做好，把責任都攬到了自己頭上。皇上聽了這話，火氣才消了一點。

這位蔣閣老是福建人，說話口音重，不擅長爭辯，但是文章典雅，極其博學。蔣德璟回家後便給皇上寫了一份奏疏，進一步解釋自己的思想。奏疏的大意是：現在地方官以各種名義徵稅，追討拷打，鬧得百姓困苦，遇到賊反而歡迎，甚至賊沒有到就先去歡迎了。結果，兵沒有練出來，民已經喪失了，最後餉還是徵不上來，因此我想追究倡議練餉者的責任。我這樣做很冒昧，我又傻又直，罪該萬死。隨後引罪辭職❸。

請注意這幾句話。蔣德璟向皇帝描繪了一種反向的關係：你不是想加餉平賊麼？偏偏你籌餉的規模和努力越大，百姓迎「賊」就越踴躍，「賊」也就越多。百姓投了賊，餉更沒處徵了。這意味著一個空頭政策換來了更多的敵人和稅基的永久消失。爲了表達這個意思，內閣最博學的蔣閣老惹怒了皇上，並且引罪辭職。

崇禎很要面子，心裡卻不糊塗。與這種矛盾的心理一致，他容許蔣德璟辭了官，但不久也取消了練餉。清朝的史學家趙翼推測崇禎罷練餉的心理，說了一句很簡明的話：「蓋帝亦知民窮財盡，困於催科，益起而爲盜賊，故罷之也。」❹用現代漢語更簡明地表達，就是：皇帝也知道徵稅越多盜賊越多。

說到這裡，我們清楚地看到皇上轉了一個彎。皇上的思維原來似乎是直線的，他想多斂錢，多練兵，從而消滅反叛者。在斂第一個、第二個、甚至第七八個一百萬的時候，這種思維似乎還對頭，銀子多了，兵也多了，叛亂也開始平息了，但是這條路越往前走越不對勁。斂錢斂到第十幾個一百萬的時候，老百姓加入叛亂隊伍速度和規模陡然上升。皇上新斂到的那些軍費，新增加的兵力，還不足以鎮壓新製造的反叛。如此描述這個轉彎，帶了點現代邊際分析的味道，明朝人確實沒有如此清晰地講出來。不過他們顯然意識面前存在一個致命的拐彎。這個死彎在我們兩千多年帝國的歷史上反覆出現，要過無數人的性命，現在又來要崇禎的命了。

我們可以想像一個U形山谷，從側面看，崇禎率領著官府的大隊人馬一路壓將下去，擠壓出更多的錢糧和兵員，鎮壓各地的叛亂，並且取得了一些成績。不過越往後越費勁，最後他撞到了谷底。這時候，他的努力便造成了完全相反的後果。沉重的賦稅壓垮了更多的農民，逼出了更多的土匪和造反者，叛亂的規模和強度反而開始上升了。

總而言之，徵稅的壓力越大，反叛的規模越大，帝國新增的暴力敵不過新生的反叛暴力。

全國形勢到了這種地步，崇禎便走投無路了。在我看來，崇禎和明朝就是被這個U形彎勒死的，故稱其爲崇禎死彎。

李自成：谷底的硬石

在不同的地區，對不同的社會集團來說，崇禎死彎的谷底是在不同時刻出現的。陝西是明末最早露出谷底的地方。至於確切時間，如果以推翻明朝的核心人物李自成的反叛爲標誌，這個谷底出現在崇禎三年（一六三〇年）夏季的一天。在那天，一路壓榨下來的官府，碰上了李自成這塊硬石頭。

關於發生在這一天的故事，我看過三種說法。其中與政府催糧派款聯繫最爲直接的說法，出自毛奇齡的《後鑑錄》卷五。毛奇齡是《明史·流寇傳》的撰寫人，算得上權威人物了。他說「自成……相推爲里長」，用現在的話說就是李自成被村民推選爲行政村的村長。明末徵收稅費的途徑和現在差不多，也是通過村幹部進行的。錢糧交不齊，拿村幹部是問。毛奇齡說：「值催科急，縣官笞臂，枷於市。」明朝有一套固定的催糧派款的辦法，這裡記載的「笞」——打板子，「枷」——戴上木枷在大街上示眾，都是「催科」的常規程式。按照這種程式，逾期未完稅的，每隔五天十天便要打一頓或者枷上示眾一回，直到你完成政府分派的交納任務爲止。如果李自成在村子裡收不齊錢糧，自己又賠不起，只好逃到一個政府逮不著的地方去。李自成正是如此。

與政府催糧派款的聯繫稍微間接一點的說法，是孫承澤《春明夢餘錄》卷四十二的記載：

「李自成，陝西米脂縣雙泉堡人。……因負本邑艾同知應甲之債，逼勒爲寇。」

按照這種說法，李自成也是被政府的賦稅逼反的，不過中間經了當地一個叫艾同知的鄉紳之手。所謂鄉紳，大體是指那些退休或養病在家，有幹部身分或者叫幹部任職資格的地主。所謂「應甲之債」，是在支應政府派到村裡的差役時欠下的債務。大概李自成爲了支應官府，找艾同知借了債，恰好趕上災年，一時還不起，被有權勢的財主往死路上逼，於是反了。

從名義上說，萬曆年間實行一條鞭法之後，所有的亂收費亂攤派都併入了一個總數，不應該再有什麼額外的支應了。但是上有政策下有對策，地方官總有辦法徵收額外的錢糧，更何況中央政府也沒有起到好的帶頭作用。在偏僻一些的地方，地方政府竟敢公然簽派各種額外的追索，連藉口都懶得找。

關於那個谷底的故事的第三種版本，是說李自成的祖父和父親那輩人，已經在爲政府驛站養馬的差役中賠累破產，李自成自幼貧窮，吃不飽穿不暖，出家當了小和尚，俗名黃來僧。稍大又給一戶姓姬的人家放羊，二十歲便到驛站當了驛卒（近似郵遞員）。崇禎二年，因爲財政困難，中央政府背不起驛站這個郵局兼招待所的巨額虧損，便下決心大規模裁減驛站。次年，二十四歲的李自成下崗失業。

鄭廉在《豫變紀略》卷一中記載了李自成失業後的遭遇。他說，李自成在當驛卒的時候人緣很好，那年饑荒，姓艾的鄉紳放貸，李自成還不起欠款，被艾家的奴僕戴上木枷，在大街上曝曬。他的驛卒哥兒們想把他移到蔭涼地方，給他點水喝，艾家的人不許，李自成也不肯屈服求情，他的哥兒們按捺不住憤慨，乾脆毀了木枷，擁著李自成出走城外。饑民們跟著入夥，於是就成了一支隊伍。《豫變紀略》的作者鄭廉被李自成的軍隊俘虜，在農民軍中多年，這套說法可以看作造反隊伍中的流行版本。

我囉囉嗦嗦地羅列了三種版本，是因爲這三種版本涉及到的所有因素，都對崇禎死彎的形狀和谷底的位置有重要影響。譬如天災的影響、地主的影響、政府的賦稅和額外攤派的影響、嚴厲的追逼手段的影響、失業下崗的影響等等。

地主的影響就不必細說了，我們受共產黨教育多年，聽過許多地主壓榨農民的故事。中國歷代的田租確實很高，常規是產量的百分之五十。如果佃戶拖欠，政府也會動用專政工具幫助地主，因爲田租中含著皇糧。我們已經看到李自成被枷在大

災民圍棚

饑民跟著入夥，就成了一支隊伍。

街上曝曬，而「枷」是政府專用的刑具，枷的出現是官府介入的標誌。在勾結官府失去約束的狀態中，土豪劣紳是將全社會壓向崇禎死彎谷底的一股重要力量。

天災的影響也不可忽視。明末的大亂從陝西開始，這一點很有自然地理方面的道理。據說中國氣候在明末進入了一個小冰河期，想必降雨區域普遍南移。從氣象記載來看，就表現爲陝西一帶連續多年的大旱，動輒七、八個月不下雨。在陝西那個靠天吃飯的地方，這意味著大面積的饑荒。明朝曾有人觀察到一個現象：江南的米價從每石四、五錢銀子漲到每石一兩五到二兩銀子的時候，路上就可以看到餓殍了。而在李自成造反前後，陝北的米價在每石六兩到八兩銀子的超高價位徘徊不落，與此相應的就是餓殍遍地和大量的人相食的記載。更何況陝西不比江南，底子本來就很薄，哪裡架得住這樣連年的天災。

到了這種關頭，官府應該做的是救濟和賑災，絕不應該繼續加稅壓榨，而崇禎所做的正是加稅，而且催逼嚴厲。《明史．流賊列傳》記載說：當時陝西所徵的名目有新餉、間架、均輸，名目恨不得每天都有增加，而且腐敗的吏胥們因緣爲奸，民大困。李自成在造反的第一個版本中挨縣官的板子，戴枷示眾，就很好地體現了官府火上澆油的作用。

按照明朝開國皇帝朱元璋的規定，各地遭災，地方官一定要及時報告，隱瞞不報者死。如果情況緊急，地方官有權直接開倉放糧，事後補報戶部批准備案，中央政府自然更有賑災的責任。這是合乎儒家治國理論的正式規定，但不過是一紙規定而已。據《明史．流賊列傳》記載，李自成造反的那一年，兵部郎中（近似國防部裡的局長）李繼貞曾經上奏崇禎，說延安一帶饑荒，眼看老百姓都要當強盜了，他請求國庫發放十萬兩銀子賑濟饑民，結果「帝不聽」。

皇上不聽，你又能拿他怎麼樣？對明朝的皇帝來說，朱元璋是他們的祖宗，祖訓的地位相當於如今的憲法，但皇上就是違憲了，誰又敢拿他怎麼樣？

話又說回來，各地的糧倉裡也未必有多少糧，好多地方帳面上有，實際已被那些冗官冗兵偷偷吃了黑了，或者換成糟朽的了。李自成圍困開封的時候，開封的糧倉就露出了這樣的黑餡，結果開封大饑，一個人單身走路經常失蹤，被人像偷雞摸狗一樣悄悄殺了吃掉。中國糧食部門的黑暗有上千年的悠久傳統，難道崇禎就能找到根治的靈丹妙藥？

李繼貞申請賑災的十萬兩銀子並不是大數，大體相當於皇室三、四個月的伙食費。再說，那幾年僅僅加徵遼餉這一項，陝西百姓就多掏了二十六萬兩銀子。比起每年數以千萬計的軍餉來，比起即將發生的許多轟轟烈烈的大規模戰役和高級將領的勝利或者自殺來，這些錢糧方面的小數字不過是一些沒有多少人注意的零碎，但是就在這些零碎中，在人們無可奈何的官府腐敗和官家冷漠中，崇禎死彎已經逼近了谷底。

我看到過一句崇禎元年農民造反前的動員口號：餓死也是死，當強盜也是死，坐等餓死，還不如當強盜死❺！這是非常現實的利害計算。當良民和當強盜的風險已經相等了，而當強盜活下去的希望卻大得多，這就是崇禎死彎的谷底。

一般說來，賦稅加重意味著皇上豢養的專政工具更加強大，老百姓造反的風險也應該隨之加大。儘管從錢糧變成威懾的轉化渠道腐敗朽壞，嚴重滲漏，那一大筆錢糧總要變出一些軍隊和刀槍，明晃晃地逼到造反者面前，並且在心懷不滿的百姓面前晃動，構成冷颼颼的威脅。可是，如果壓榨過度，老百姓到了橫豎也是一死的地步，風險就無法繼續加大了，上述道理就失靈了。萬一官府的鎮壓力量跟不上勁，或者外強中乾，或者可以收買，讓老百姓看出犯上作亂倒是一條活路，這時候，崇禎死彎就見了底。在這塊地方，造反有收益，當良民卻沒有。造反有風險，但良民同樣有，說不定還更大。這就是崇禎死彎形成的微觀基礎。

一波又一波的谷底

李自成造反並非偶然，他不過是一場在時間和空間上更爲深廣的政府與民間衝突的一部分。統治集團壟斷了所有權力，壓榨老百姓，這本來是沒有辦法的事情——老百姓一盤散沙，根本抵擋不住，這個社會遲早要沉落到崇禎死彎的谷底。而李自成不過是一波又一波的谷底中的一塊硬石頭，他既不是開始，也不是結束。

秦二世元年七月，農民陳勝、吳廣和九百戍卒到現在的北京一帶服役，大雨路斷，不能按期趕到，依法當斬。這兩位商量如何是好，商量的內容就是如何對付政府，不同的對策有什麼樣的風險和前景。繼續趕路無疑是自己送死，而逃亡與造反比起來，吳廣認爲二者的風險差不多，仍是一個死。陳勝說天下苦於秦朝的統治已經很久了，造反倒有可能成功。於是決定造反。通過這個我們已經熟悉的計算，可以斷定陳勝、吳廣正處於標準的崇禎死彎的谷底。而「天下苦秦久矣」，則意味著全國人民的處境離崇禎死彎的谷底不遠了，這確實是造反成功的絕好條件。後來陳勝、吳廣對同夥做了一個動員報告，大講眾人的「谷底」處境。這大概是中國歷史所記載的最早的造反動員報告。

動員報告說：大家遇雨，全都不能按期趕到了。誤期就要砍頭，就算不砍頭，戍邊的死亡率通常也有十之六七。壯士不死則已，死就要幹大事出大名，「王侯將相寧有種乎！」❻眾人贊成這個結論，於是造反，天下大亂，秦朝由此滅亡。

這是西元前二〇九年發生的事情，但這類事情在隨後的兩千多年中不斷重複著。政府和百姓的這種致命的衝突，一直沒有得到徹底的體制性的解決。我們的祖先竟好像記吃不記打一樣，總在同一個問題上犯錯誤。

元朝的至正十二年（一三五二年）三月，陳勝、吳廣造反的一千五百六十年之後，李自成造反的兩百七十八年之前，明朝創始人朱元璋二十五歲，正在安徽鳳陽的一座寺院裡當和尚。和李自成一樣，他也是因爲家裡太窮才出家當和尚的。當時元朝已經用沉重的徭役和赤裸裸的腐敗逼出了紅巾軍，官兵和造反者殺來殺去，天下已亂，官兵經常捕殺良民冒充戰功。這時候朱元璋開始計算凶吉。他想入夥造反，又怕風險大；留在寺院裡，又遲早要給官軍捆去請賞。正在計算不清的時候，同村的哥兒們湯和託人帶給他一封信，信中說，他投奔了紅巾軍，已經當到千戶（類似現在的團長）了，勸朱元璋也去入夥。朱元璋燒掉信，猶豫了好幾天，同屋的師兄悄悄告訴他，前天那信有人知道了，要向官府告發❼。

我們知道，這時候的朱元璋已經走投無路，接近崇禎死彎的谷底了。但是朱元璋辦事很慎重，他拿不定主意，就回到村裡和另外一個哥兒們商量。他的問題是：是在廟裡等著人家抓呢，還是起來跟他們拚了❽？那位哥兒們認爲還是投紅巾軍好，但又不敢肯定，就勸他回去向菩薩討一卦，聽菩薩的。朱元璋回到寺院，發現寺院被燒光了，和尚們也跑光了。據說官軍認爲紅巾軍供奉彌勒佛，和尚也供奉彌勒佛，怕和尚給紅巾軍當間諜，就挨著班燒寺院。這天正好燒了朱元璋的安身之處，他沒了吃飯的地方。谷底到了。

朱元璋還是討了一卦。結果，留下是凶，逃走也是凶。和吳廣當年分析的結果一樣，風險相同。投紅巾軍呢？答案是吉。於是，這位即將埋葬元朝的人上路了，投奔紅巾軍去了。

還不到三百年，世道又轉了一個圈，輪到朱元璋的子孫面對當年明太祖一流的人物了。

明末陝西農民造反的第一人是白水王二，時間是天啓六年（一六二七年），比朱元璋晚二百七十五年，比李自成早三年。

那年三月，澄城知縣張斗耀在大旱之年仍然催徵不已，而且手段殘酷，老百姓受不住了。有個叫王二的人，在山上糾集了數百人，都用墨塗黑了臉。王二高叫道：「誰敢殺張知縣？」眾人齊聲回答：「我敢！」當時的口語與現在非常接近，這敢不敢的問答是史書記錄的原話，並不是我的翻譯。問答之後，這夥黑面人下山，擁入縣城，守門者嚇得躲在一旁。眾人徑直闖入縣政府大院，而此時的張知縣正在「坐堂比糧」——按照條文規定，坐在大堂上用刑，催逼百姓完糧納稅。黑面人各持兵器擁上公堂，張知縣逃到自己在縣政府大院後面的住宅裡，亂民直入私宅，將張知縣亂刀砍死。然後，王二等人退聚山中⑨。明末陝西農民起義從此開幕。

在我看來，張知縣死得頗爲冤枉。他怎麼會死呢？按照官方理論的說法，這類惡性事件根本就不可能發生。官府和百姓是一家人，他們的關係就好像父母和子女的關係，沒有根本的利害衝突。朱元璋來自貧苦大眾，本人就是崇禎死彎的谷底中的一塊有名的石頭，很明白政府和人民的親情是怎麼回事，也很注意強調他們一家人的關係。我們知道他有賑災方面的漂亮規定，那就是親情的證明。按照那些漂亮的規定，坐在大堂上的張知縣應該正在放糧而不是催糧。下邊應該有頌聲一片，怎麼竟冒出一群黑臉的持刀大漢呢？誰都明白，開倉放糧是一件很得人心的事情，甚至是很有油水的事情，更何況放糧又不是放他張家的糧。難道張斗耀這傢伙有毛病，不喜歡用別人的錢給自己買好，偏偏要冒險得罪人，替別人討債麼？或者他別有苦衷？

據給事中李清記載，崇禎剛即位，便嚴於徵收錢糧，並且做了一些具體嚴格的規定。譬如知府不完成賦稅不能升遷，知縣等官員不完成賦稅任務乾脆就不能參加升遷前的考選。這是用胡蘿蔔勾引毛驢前進的政策，同時還有大棒驅趕的政策。完不成錢糧任務要降級，還要扣罰俸祿。這可不是虛張聲勢，松江府和蘇州府的錢糧任務重，竟有扣罰俸祿數十次，降十級八級的情況。而且參與考成的完糧納稅指標不僅是正額遼餉，後來又加上了許多雜七雜八的項目。其內容之龐雜，連戶部（財政部）的局長們都搞不清楚了，只能依靠具體登記辦事的書手處理⑩。

催科圖

完不成錢糧任務要降級，還要扣罰俸祿。

如此說來，縣官催逼錢糧，根本就是中央政府和皇上逼的。工資和烏紗帽畢竟在人家手裡，而不在老百姓手裡。在這種情況下，知縣們如何是好呢？

目前我知道的至少有三種辦法。第一個辦法，也是最老實或者叫最笨的辦法，就是拿百姓開刀。張知縣是在崇禎即位前一年被殺的，我們不好把導致張知縣死亡的責任扣到崇禎頭上，但崇禎實行的政策更加嚴厲，手段也更多，縣官和百姓身上的壓力更大。給事中李清有一次路過魯西北的恩縣（今山東平原縣一帶），親眼看到縣令催逼錢糧，將老百姓打得「血流盈階」。他說，這裡本來就是窮地方，錢糧任務難以完成，但是正餉雜項無一不考成，通過了考成才有升任科道美缺的希望，於是無人不催科⑪。中央政府設置的賞罰格局如此，張知縣們面對的就是一個簡單問題：你自己的前程和工資重要，還是某個欠稅農民的屁股重要？

當然也有取巧的辦法。既然財政部的司局長們都搞不清楚那些苛捐雜稅的名目，便很有可能蒙混過關。明朝有一句描繪官場潛規則的行話，叫做「未去朝天子，先來謁書手」。天子本來是最大的，當然要朝拜，而且應該排在第一位，但書手是負責登記造帳的，在沒有完成錢糧任務的情況下，可以向書手行賄，讓他們在帳目上做手腳，「挪前推後，指未完作已完」。反正皇上和那些局長也搞不清楚。在這個意義上，書手比天子更能影響地方官的命運，自然要排在皇上前邊。

我在顧山貞的《客滇述》上還看到過一個知縣完成錢糧任務的高招。他說，崇禎派廖大亨當四川巡撫的時候，彭縣的欠稅很多，當地的知縣就想了一個辦法，以這些欠帳作爲衙役的工資，讓衙役們自己去要。這顯然是一個調動廣大衙役追討欠款積極性的好辦法。崇禎十三年除夕前，衙役們大舉追索，鬧得民間怨聲載道。

沒想到衙役們的積極性一高，老百姓被逼到崇禎死彎的谷底了。進入正月，彭縣「豪民」王綱、仁紀敲著鑼召集群眾，發出「除衙蠹」的倡議，眾人熱烈響應，將衙役們的家全部搗毀。四川的各州各縣聞風而起，將彭縣的「除衙蠹」運動擴充爲「除五蠹」運動。其中既包括了州縣的吏胥衙役，還包括了府蠹——依仗王府勢力橫行霸道者；豪蠹——民間恃強凌弱者；宦蠹——縉紳地主家的豪奴惡僕；學蠹——包攬詞訟生事害人的秀才。在這場群眾運動中，「五蠹」中被活活打死的，被扔到鍋裡燉爛的，被推入土窖活埋的，「不可勝記」。

這場運動在新繁、彭山等縣蔓延，省會成都的城門前也聚集了眾多的百姓，「呼噪城下」。官方多方撫慰，而老百姓似乎非要討個什麼說法，不肯聽政府的話。於是政府派出正規軍鎮壓，這才恢復了安定團結局面。此事的最後處理結果，是以激起民變的罪名將四川巡撫廖大亨撤職，發配邊疆。

我不清楚廖大亨爲人如何，但就事論事，他也怪倒楣的，完全給皇上當了替罪羊。民變的直接起因是追討欠稅，而這一條原因與崇禎的政策有關，廖大亨最多不過是執行者之一。在執行的過程中，衙蠹想必還有許多敲詐勒索多吃多拿的腐敗行爲，但這只能算依附性的。再說衙門中的腐敗乃是明朝二百多年深厚積累的成果，廖大亨何許人，能有清除百年腐敗的本事？

有意思的是，群眾運動中打出了「除五蠹」旗號，這分明是反貪官不反皇帝的表白。我們的先人只要求除去旗桿上的蠹蟲，並不想砍倒龍旗。衙門還是好的，但裡邊的蠹蟲很壞。如此主張是出於自衛策略的考慮呢，還是我們祖先的眞實想法呢？我認爲這是他們的眞實想法，因爲我們在別處並沒有看到什麼高見。李自成似乎走得最遠，他反皇帝，但他的目標是自己當皇帝，然後再像朱元璋那樣制訂出許多漂亮的規定，再漸漸變成具文，過二、三百年再重複鬧那麼一場，這算不得高見。我這麼說並沒有責備古人的意思，想想如今我們的狀況和水平，我們的祖先確實也無須慚愧，應該慚愧的倒是我們這些不長進的子孫。

通向谷底的路途

要把一個繁榮的社會壓榨到崇禎死彎的谷底，也是一項浩大的工程，需要有步驟分階段進行。我想用田地價格的走向作爲這項工程進度的浮標。

我們知道，田地負擔越重，苛捐雜稅越多，田地就越不值錢。這就像開飯館一樣，除了交納各項稅費之外，三天兩頭來幾個穿官服的橫吃橫喝，吃完一抹嘴走了，你還得陪笑臉，不然就給你撕一張罰款單，這樣的飯館很難賺錢，自然賣不出好價錢。這就是說，皇上的好壞，貪官汙吏的多少，對土地價格影響甚大。土地價格可以近似地看作政府對百姓壓榨程度的浮標。壓榨越狠，價格越低。

元末明初天下大亂，人口銳減，地廣人稀，田地的價格很便宜，不過一、二兩銀子一畝。折成當時的糧價，大約值三、四百公斤大米，相當於現在的新台幣二千四百元左右。明朝中期，天下承平日久，人口增加，賦稅也不太重，田地的價格達到高峰，每畝能賣到五十兩到一百兩銀子。折成當時的糧價，大約值一、二萬公斤大米，相當於現在的新台幣十二萬元左右。後來，富於理想的好皇上弘治死了，他的頑童兒子正德皇上即位，賦稅繁重，土地價格開始一路走低。據說，在正德和嘉靖之世，人們一度以田爲大累贅，有拱手送人而人不肯要的⑫。當然這不是常規，南方土地每畝一般還可以賣十兩八兩銀子，但是政治狀況對地價的影響已經很明顯了。

嘉靖是在頑童正德之後即位的皇帝。明朝著名清官海瑞以敢罵皇帝著稱，他罵嘉靖帝，說嘉靖嘉靖，就是家家皆淨。與此相近，崇禎即位後老百姓中也傳開了一句話，把崇禎稱爲重徵。重徵能徵到什麼程度呢？據顧炎武在《天下郡國利病書·福建三》中記載：「民田一畝值銀七八兩者，納餉至十兩。」

我沒有替崇禎辯護的意思，但我得老實承認，這個數字實在太離譜了，我的第一感覺就是不可能。當時福建的糧食畝產最多三石（不到三百公斤），正常年景不過賣一兩銀子。這可是白花花的銀子，不是想印多少就印多少的票子。就算福建的糧價漲瘋了，三石大米也不過賣六兩銀子，怎麼可能收十兩的餉？後來，我看到明朝刑科給事中孫承澤的一份奏疏，他向皇上描述了地方「私派」的問題。設身處地進入他所描繪的地方，我就得承認顧炎武說的十兩並非不可能。孫承澤這樣描繪地方官吏的處境：

> 忽然就下來了個發文，要取幾千石豆和大米，幾千束草，若干頭健騾，若干條口袋，若干口銅鍋，若干匹戰馬，送到某某部隊駐地交納——州縣沒有辦法，就先借用正餉送上去。可是攤派到村子裡的，那就比比皆是了。所以，私派比正賦要多。⑬

私派比正賦多，暗的比明的多，這才是要害。由此我也再一次長了教訓，就是我惡習不改，經常對統治者存有幻想。說到這裡，我乾脆就一併承認了吧：儘管我自稱沒有替皇上辯護的意思，但我內心深處潛伏著對崇禎的同情。這位年輕人當了十七年皇上，滿心焦慮，天天熬夜，不近女色，沒完沒了地批閱文件，處理他難以勝任、恐怕也沒人能夠勝任的天下特大號難題，動不動還要下詔罪己自我批評。十七年如一日，簡直就沒有過上一天好日子。換了我當皇上，被那許多誘惑包圍著，我能像他那樣嚴格要求自己嗎？說話要憑良心，皇上可不是壞人，我願意相信皇上，也願意相信中央政府的種種明文規定。可是，我這樣是要犯錯誤的。理解中國歷史和國情的關鍵，恰恰在於搞清楚隱蔽在漂亮文章下邊的實際利害格局。沒有這種格局的保障，那些漂亮規定不過表達了政府的善良願望或者騙人唬人的企圖。

我們還是接著說稅收攤派和土地價格。公派私派和明稅暗稅徵到十兩銀子的份上，地還能要麼？按照顧炎武的說法，這時候人們的反應是：「往往相率欲棄田逃走。」這就意味著，在到達崇禎死彎的谷底之前，我們可以看到一個現象，那就是大面積的土地拋荒和流民的出現。流民是土匪或造反隊伍的後備軍，他們的出現又可以更多地製造荒地和流民，進一步壓低田價。

據錢泳《履園叢話》記載，崇禎末年，盜賊四起，年穀屢荒，人們都以無田爲幸運，每畝田價不過一、二兩銀子。田的成色稍差，也有白送沒人要的[14]。如果一個飯館白送也沒人要了，或者便宜得一場糊塗，我們當然可以推測，這時候不會再有人開飯館了，飯館的廚師和服務員也要大規模失業了。事實上這正是明末農民的處境。我們可以看到大量戶口（納稅單位）

「逃亡過半」，流民遍天下的記載。

人逃走了，地也荒了，官吏和軍隊的數目卻越來越大，他們總要穿衣吃飯。這就要求我們的父母官更加嚴厲地催逼那些尚未逃走的農民，把他們也逼跑。明楊士聰在《玉堂薈記》卷四裡痛罵楊嗣昌，說他服毒自殺活該，不死也要建議砍了他的腦袋，砍了腦袋仍然死有餘辜。如此痛罵就是因爲楊嗣昌建議加派。他加派的兵餉，只能加於尚未造反的地方，湖廣、河南、陝西、四川這些已亂的地方根本就沒法加。而未亂的地方，「一日未亂，則加派一日未已」。最後鬧到天下全亂，無處加派拉倒。楊士聰描述的大體是一個惡性循環，是崇禎死彎最後階段的加速下跌。

以上說的都是農村和農業，沒有涉及工商業。實際上，工商業的財富更集中，敲詐勒索起來也比較省事，而官場與鄉紳聯繫密切，與工商業的聯繫卻弱得多，敲詐起來的內部阻力也小得多。所以，在農村發生危機的時候，工商業的失業大軍也出現了。據統計，在山東臨清，七十三家布店中的四十五家，三十三家綢緞店中的二十一家，都於十七世紀初被迫倒閉關門。北京門頭溝的礦工曾在一六〇三年進城示威。蘇州、松江、杭州、北京和所有重要的手工業中心，幾乎每年都出現市民暴動[15]。工商業對稅率和腐敗的反應比農業敏銳得多，農民以肚子的忍耐程度爲底線，工商業沒了利潤便要破產。工商業的崩潰導致農產品市場萎縮，又會加劇農村的危機。這方面的內容講起來另是一大篇文章，在此暫且從略。

在崇禎死彎的下坡路上，明朝的官軍又狠狠地踹了社會一腳。

明朝的鄖陽巡按高斗樞在《守鄖紀略》中記載了明末的情景和官軍的表現。他說，崇禎十四年（一六四一年）六月，他奉命駐守鄖陽。七月初，他從長沙動身，水路到達荊州，路經襄陽，八月初六進入鄖陽。一路數百里的農田裡都長滿了蓬蒿，村落破敗，沒有人煙。惟有靠近城市的一些田地，還有城裡人耕種餬口。

他說，在他抵達鄖陽前的十幾天，左良玉率領的官軍路過此地，兩三萬官兵一湧入城，城中沒有一家沒有兵的，「淫汙之狀不可言」。住了幾天大軍開拔，又將城裡所有人家清洗一空，十多天後他到了，竟然找不到米和菜。士紳和百姓見到他，無不痛哭流涕，不恨賊而恨兵。

高斗樞不願細說官軍的「淫汙之狀」，但我們可以在別處找到補充材料。李清在《三垣筆記下·弘光》中說：

> 左良玉的兵一半要算群盜，甚是淫汙狠毒。每入百姓家勒索，用木板將人夾住，小火燒之，胖人有的能流一地油。他們搶掠來婦女，公然在大街上姦汙，將她們拉到船上搶走時，若望著岸上的父親或丈夫哭泣，立刻被這些兵砍下腦袋來。

公平地說，左良玉的部隊在明朝官軍中並不是最壞的。他們燒殺搶掠，但是好歹還能打仗，這總比那些見到百姓如狼似虎，見到清兵和土匪便抱頭鼠竄的傢伙管點用。另外，官軍搶劫百姓，明朝官府要負多一半的責任。儘管官府的稅費一徵再徵，仍然嚴重拖欠軍餉。士兵們被迫賣命打仗，卻又缺糧斷餉，搶劫起來自然理直氣壯，軍官們也就不敢眞管——已經有許多把官兵逼反的先例。在這個意義上，官軍的搶劫等於一次刮地三尺的極其兇殘的高額徵稅，過度和違法之處，則相當於政府攤派和收稅時免不了的「腐敗稅」，當時的正式稱呼叫「陋規」，或者叫「常例」，反正都是那些按規矩必定落入貪官汙吏腰包的黑錢。

明朝的官軍數以百萬計，這是橫行天下的百萬豺狼餓虎，在計算崇禎死彎及其谷底的時候無法忽略。

李自成可以抬高谷底

與官軍的表現相反，李自成的軍紀越來越好。高斗樞在《守鄖紀略》中說：早先，張獻忠和李自成每攻陷一城，就要大肆搶掠一場。到壬午（一六四二年）夏秋，李自成和羅汝才每得一城，則改爲派「賊」防守，並且嚴禁搶掠，以籠絡民心。

馬世奇還向皇上彙報了一件意味深長的事，他說「賊」知道百姓恨什麼，專門打出了「剿兵安民」的旗號，結果百姓望風投降。而「賊」進一步發放錢糧賑饑，結果老百姓把「賊」當成了歸宿⑯。形勢發展到這個份上，剿匪已經沒有「剿兵」的旗號吸引人了，漂亮話的作用也就到頭了——漂亮話本來對安撫人心大有作用，同樣是餓肚子，心裡以爲餓得對，餓得公道，就可能縮在家裡等死；心裡以爲不公道，就很可能罵一聲娘，拎著大棒子出門。所以林彪元帥說：「槍桿子、筆桿子，奪取政權靠這兩桿子，鞏固政權也要靠這兩桿子。」漂亮話確實可以當槍用。

皇上聽說了「剿兵」之類的事，會有什麼感想呢？李清記載了崇禎和蔣德璟等內閣大學士的一段對話。

皇上聽說百姓多跟著李自成跑，歎息了很久，然後說：我以前當面對河南的督撫說過，叫他們選好將領，選好官員。有了好將領，自然兵有紀律，不敢擾民；有了好官員，自然安撫百姓。百姓視之如父母，誰還肯跟著賊跑？這是固結人心，是比剿賊還要靠前的事⑰。

在明朝的幹部選拔機制中，崇禎想要的「巧媳婦」究竟能不能選到，選到後如何做出無米之炊，已經是另外的問題了。我在這裡想說的還是崇禎死彎，而李自成等人的出現，對崇禎死彎的谷底的高度有重大的影響。

沒有李自成，谷底會比較深，非等到「反正也是一死」的時候才算到了底。有了李自成之類的強大反對勢力，人們利害計算的結果頓時改變，崇禎死彎的谷底就要抬高了。李自成的力量正在發展壯大，不那麼容易被消滅，反過來倒有得天下的可能，這時候入夥的風險就降低了，甚至比當流民的風險還要低了，而自己當官坐天下的利益似乎也可以列入人生預算了。此外，李自成等輩將大批官軍吸引過去，鬧得全國各地兵力空虛，無論是造反起義還是當土匪搶東西，風險都大幅度降低了。到了這種時刻，當然不必等到快餓死的時候再造反。這已經不是生死之間的選擇，而是怎樣更有利的選擇，是比生死底線高出一大截的選擇。

對於一無所有，吃了上頓沒下頓的流民來說，答案是很明白的。對於躲在城裡的良民來說，跟誰走的利弊恐怕還要算算清楚。這時候，李自成散布的歌謠給出了一個粗直的答案。歌曰：「吃他娘，穿他娘，開了大門迎闖王，闖王來時不納糧！」

對於那些饑寒交迫的人們來說，對於那些即將被苛捐雜稅和貪官汙吏逼得傾家蕩產的人們來說，痛痛快快地吃他娘幾頓飽的，穿他娘一身暖的，不再給狗日的納糧了，這是多麼美好的世界啊！

結局

崇禎十七年（一六四四年）舊曆三月十二日，李自成大軍逼近北京西北三百餘里的軍事重鎮宣府（今河北宣化），巡撫朱之馮開會，號召誓死守城。而城中哄傳李自成免徭役、不殺人，全城喜氣洋洋，張燈結綵，點上香準備迎接。鎮守太監杜勳打算帶人去三十里外歡迎李自成。朱之馮痛斥這位皇上的特派員沒良心，杜太監嘻嘻一笑，兀自領著人走了。李自成的隊伍到了，朱之馮無可奈何，親自登上城樓，向左右下令發炮，左右默然，誰都不動。朱之馮親自點火放炮，又被左右拉住。細看時，大炮的線孔已經被鐵釘釘死。朱之馮歎道：沒想到人心至此。然後仰天大哭，給崇禎寫了封遺書，勸皇上收拾人心。隨後上吊自殺⑱。

五天後，三月十七日，李自成大軍抵達北京，發炮攻城。十八日，崇禎在炮聲中下詔罪己，宣布取消所有加派的新餉舊餉。當晚，北京城破。十九日凌晨，崇禎自縊於皇宮後的景山腳下，時年三十三歲。

注釋

❶清嚴有禧：《漱華隨筆》卷一。順便提一句：曾就義上任不久就病死了。嚴有禧恨恨地罵道：「夫國計民生，何等重大，而昧心妄言，以博一己之官，此天地不容。曾之死，陰禍致然也！」我覺得他罵得有點不分青紅皂白。

❷《明史》卷二五二，楊嗣昌列傳。

❸明李清：《三垣筆記・附識》。

❹清趙翼：《二十二史劄記》卷三十六。

❺《明季北略》卷五。

❻參見《烈皇小識》卷一，《頌天臚筆》卷二十一，轉引自柳義南《李自成紀年附考》第二十二頁。

❼皇陵碑上這幾句話的原文是：「當此之際，逼迫而無已，試與知者相商。乃告之曰：果束手以待罪，亦奮臂而相戕？」

❽參見吳：《朱元璋傳》第四十七頁。

❾《史記・陳涉世家》。

❿李清：《三垣筆記上・崇禎》。給事中的職位，近似如今總統辦公室中負責監察工作的祕書，職位不高，但有權駁回中央各部甚至皇帝本人的不合成法的決定。

⓫《三垣筆記上・崇禎》。

⓬參見黃冕堂：《明史管窺》。

⓭《春明夢餘錄》卷三十六。

⓮這並不是天方夜譚。一九九九年春，我到安徽農村調查，發現那裡就有白送土地給人耕種而無人接受的現象。當地每畝土地分攤各項稅費將近二百元（新台幣八百元），扣除種子肥料等項成本後，種地只能賺取低廉的工錢。只要有機會幹兩個月的臨時工，就沒有種地的道理。當地拋荒的順序，也是先從

差地沒人要開始。還有一點也是有啓發性的：按照中央政府三令五申的規定，農民負擔不能超過收入的百分之五。而那裡每畝土地的負擔竟在「減負辦」（減輕農民負擔辦公室）的眼皮下達到了百分之二三十。這也進一步證明，每畝賦稅十兩銀子，並不是顧炎武在胡說八道。儘管這等數目在名義上是不存在的。

⓯（法）謝和耐：《中國社會史》，江蘇人民出版社，一九九七年第一版，第三七〇頁。
⓰計六奇：《明季北略》卷十九。
⓱李清：《三垣筆記·附識上·崇禎》。
⓲《明通鑑》卷九十。

後記

中國通史的一種讀法

一、農民與帝國

（一）帝國是暴力競爭的產物

當掠奪性活動的利益高於生產性活動、並可以長期保持穩定之時，人類社會就出現了以暴力掠奪為專業的群體，出現了這種分工的社會表現形態——「暴力—財政實體」❶。暴力—財政實體內部有暴力賦斂集團和福利生產集團❷。暴力—財政實體內部的各種正式關係，總是由最強傷害能力的擁有者規定或認可的；而生產能力擁有者，只能通過對暴力主體的得失損益的影響或控制，間接地決定各種政治經濟和社會關係。人類社會中的各種權利安排，從政權到產權到種種人身權利，包括對這種權利體系的美化和神化，都是暴力保護下的某種安排的稱謂。

有文獻可證的中國文明史早期，井田制中的庶人在公田裡偷懶，公田裡草荒嚴重❸。社會主要物質生產者難以監督和懲罰的大規模偷懶行為，造成了貴族和庶人雙方的損失，削弱了封建貴族的財政基礎，因而削弱了國家的整體實力，使之在暴力—財政實體林立的諸侯競爭中處於不安全的地位。這種困境逼出了中國歷史上最初的分田和土地自由買賣，公田上的勞役也轉變爲「初稅畝」中的實物。

隨著井田制的逐步瓦解，私田交易的增加，自耕農出現了，地主、佃農和雇農也隨之分化形成了。世襲貴族逐漸被官僚所取代，郡縣制開始替換分封制❹。由秦國發揮到極致的國君集權制度，下層有一個能「盡其民力」和「地力」的自耕農制度，中層有一個由號令賞罰驅動的官僚代理制度，上層有一個控制一切資源的獨裁者。憑藉這個體制和獎勵耕戰的政策，秦國將作爲主要物質生產者的農民的生產潛力激發出來，將各種人力資源的體力智力和勇氣激發出來，並將激發出來的強大力量聚集在專制國君手中，形成了集中使用的巨大優勢。依靠這種優勢，秦國在暴力競爭中淘汰列強，創建了中國歷史上第一個大一統帝國。

對春秋戰國時期的中國社會來說，秦帝國的建立結束了長達數百年的戰亂和半無政府狀態，爲社會確立了秩序，因而深受歡迎。但是，帝國制度在解決老問題的時候又造成了官僚集團瞞上欺下追求代理人利益的新問題。同時，帝國無可匹敵的強大導致了統治集團不受制約的自我膨脹，導致了對被統治者的過度侵害，自耕農制度在很大程度上被沉重的勞役和刑罰制度所取代，帝國的根基破壞了，秦帝國二世而亡。

帝國制度是在多種暴力—財政實體競爭的環境中逐步建立和完善的組織形式。這套制度調動資源的能力、戰爭能力和穩定程度接近了當時的生產和技術條件所允許的最大化。這是一套經過上百個國家二十多代人斷斷續續的積累和摸索，將不同領域和不同層次的制度組合匹配而成的高效率的體系。這套體系高度適應草原地帶遊牧民族不斷入侵的地理環境❺，高度順應眾多暴力—財政實體爭霸中原的歷史演化路徑，同時又密切對應著作爲自身基礎的小農經濟。這套高效率的綜合性適應體系❻，成爲稱雄天下兩千餘年的具有獨立生命的歷史活動主體，占據了歷史舞台的中心，譜寫了人類文明史上的輝煌篇章。

（二）帝國的均衡與失衡

西漢總結秦帝國的教訓，確立了帝國內部暴力賦斂集團與福利生產集團的均衡關係❼。儒家學說比較完美地描述和論證了這種均衡關係。在儒家的理想設計中，千家萬戶自耕農每年向帝國交納百分之十的賦稅；國君通過多層次的官僚代理網和基層的里甲組織徵收賦稅，徵集兵員，保護帝國及其臣民的安全，維持君君臣臣父父子子的等級秩序，維護國君恩賜給各層臣民的相對權利，並向社會提供福利。經過董仲舒改造的儒家學說將這套秩序描繪爲天道的體現，被皇帝確立爲獨尊的官方意識形態，並且成爲中國社會普遍接受的對公平和正義的基本看法。

由皇室、貴族及其官僚代理人構成的統治集團，擁有強大的暴力威懾和意識形態勸說能力，因而占據了主導地位。但是，他們的選擇並不是不受限制的。農業生產者通過怠工、避稅、逃亡以及走投無路時揭竿造反等對策，決定著統治集團在選擇不同的土地制度、人身權利、賦稅形式和賦稅比例時的風險和利益，決定著不同統治方式的成本和收益。在統治集團眼裡，他們與物質生產者之間的關係，類似牧人與羊群的關係，而羊群對生長條件的要求、羊群的好惡和承受能力，對牧人的行爲是有重大影響的。

然而，在實際生活中，在統治集團與被統治集團的基本關係方面，現實關係總是頑強地偏離儒家的理想和規定，偏離所謂的王道和天道，呈現出日漸墮落的總體趨勢。這種偏離均衡點的趨勢，發源於官僚代理集團對代理人私利的不懈追求。最高統治者無力約束這種龐大的私下追求，弱小分散的小農階級又無力抵抗各級權勢集團整體或個體的巧取豪奪，於是就有了潛規則體系對儒家宣揚的均衡體系的替代，就有了王朝更替和治亂循環❽。王朝更替是帝國制度對過度失衡的自我校正機制。

帝國不得不承擔官僚代理制度的弊病。當官僚代理制度以郡縣制的面目大規模登上歷史舞台的時候，中國正在分封制培育出來的諸侯大夫的戰爭中流血。官吏代理人對他治下的各種資源的支配和控制能力要比分封的諸侯大夫弱得多，短暫得多，與中央對抗的能力也就弱得多。對國君來說，這是一個比較容易控制的高效而穩定的制度。但是新的問題也隨之產生了：官吏與其治下民眾的利害關係更加短暫脆弱，就好像牧人受雇放牧別人的羊群一樣，官吏代理集團比分封的貴族集團更不關心百姓的死活。

帝國制度下的農戶是以一盤散沙的狀態存在的。農民生活在里甲制度的嚴格控制之下，他們力量微弱，反抗官府壓榨的收益很微薄，卻面臨著殺雞嚇猴的巨大風險。在這種個體反抗風險遠大於收益的利害格局之下，退縮忍讓通常是農戶的最佳生存策略。此外，小農經濟的自給自足水平高，與外界交易的次數少、數量小，忍一忍也不是很要緊。

小農經濟對貪官汙吏的耐受性很強，對帝國官僚制度的適應能力很高，直接結果便是支援了帝國的統治方式——就好像耐粗飼的家畜品種支持了粗放的牧養方式一樣，小農經濟也支援帝國粗放遲鈍的管理，並且間接抑制對帝國統治方式的耐受性較弱的工商集團的發育。另外，小農經濟對貪官汙吏的承受能力又孕育了導致帝國崩潰的隱患。由於貪官汙吏的敲詐勒索比較容易得逞，這個集團的收入水平較高，這就激勵更高比例的人口加入貪官汙吏的行列，激勵壓榨程度逐步升級，直到十羊九牧的生存危機出現，引發大規模的暴烈反抗。

小農經濟的分散自給特性決定了農民階級以兩種形態交替存在：和平生產時期的一盤散沙狀態與造反時期的集團狀態。這兩種狀態對統治集團的利害影響在能力和方向上大不相同，因而在相同的幾大社會集團的構成格局中，產生了兩種大不相同的社會秩序。對造反集團狀態的敬畏決定了統治集團對儒家規定的正式秩序的敬重，對一盤散沙狀態的輕視又導致了魚肉百姓的潛規則的盛行。王朝建立初期，農民造反集團的餘威尚存，儒家正式秩序實現的程度偏高。承平日久，潛規則在軟弱可欺的零散小農的土壤上成長發育，儒家秩序的基本均衡被逐漸破壞。

顯然，上述失衡過程是一個勢所必然的趨勢，帝國的歷史越長，這個趨勢就表現得越分明。在這個過程的末端，則是循環出現的帝國崩潰和隨之而來的無政府狀態，以及逐鹿中原的軍閥混戰。而在爭奪天下的混戰中，最終獲得競爭優勢的體系，又勢必屬於駕輕就熟、無須冒險試驗的帝國制度。這是戰爭效率最高、社會認同最廣的制度。於是，帝國制度再一次出現在新一輪王朝循環的開端。

在帝國承平日久，人口增加之時，農業依賴的土地資源便日漸緊張，帝國各階層對土地資源的爭奪也日趨激烈。資源競爭導致了嚴重的兩極分化，一方面破壞了帝國賴以生存的小農經濟制度，另一方面，又把大量人口逼入了在生存競爭中占據優勢地位的官吏集團，加劇了帝國官吏集團膨脹和腐敗的原有趨勢，更大幅度地偏離儒家對基本秩序的規定。最後導致秩序崩潰，天下大亂，人口銳減，直到資源相對寬裕。劫掠的收益低於保護或從事生產性活動爲止。

帝國無法吸納自身創造的過剩人口，這是儒家認知框架無力分析也未曾認眞看待的更深層次的危機。帝國秩序的破壞與人口壓力增加的同步交織，確實容易攪亂對這個問題的分析。但是，帝國對儒家秩序的週期性偏離與復位，畢竟有別於農業文明基礎上的人口與土地均衡關係的破壞與重建，儘管這兩種失衡共同以王朝更替和治亂循環爲常規的自我校正機制。

帝國制度輪迴十餘次而基本結構不改，根本的原因，是不能形成衝出農業文明的力量。因此既不能解決人口與資源關係的長期性問題，也不能形成構造新型政治均衡的社會力量，從而解決統治集團墮落的週期性問題。

（三）官營工商業與民營工商業

歐洲形成了衝出農業文明的力量，那是民間工商業推動完成的。

在中國歷史上，工商業的形成和發展，與官府的關係極其密切。官營工商業以強制手段直接占用和支配人力物力資源，從事工業生產和內外交易活動，滿足統治集團對武器、祭祀用品、交通工具和衣食住用等生活用品的需要。

帝國的官營工業取得了輝煌的成就，製造出了精美產品和宏偉的建築，創造出複雜的分工協作體系。帝國的代理官員是這套生產體系的直接管理者。

但是官營工業生產體系面臨著一道難以突破的邊界：在自身的分工與專業化的發展中，分工越細，代理鏈越長，管理成本就越高，分工帶來的利益也就越低。當管理成本高過分工所帶來的收益的時候，分工發展的進程就會終止。

帝國制度下的民營工商業也在緩慢發展，不過民間工商業的生存和發展總要受到許多外部限制。帝國的權力太大了，有利可圖的領域一定會被它霸占和壟斷，可是行政管理的效率逐層遞減特性又注定了它經營不善。經營不善的惡果又要以成本攤派和無償徵調的方式轉嫁給民營工商業集團。於是，通過壟斷和攤派這兩種方式，官營工商業既侵占了民營工商業的發展空間，又削弱了他們的發展能力。

在這種環境中生存的民營工商業，並不能發展爲賦稅的主要承擔者，他們的盛衰對帝國便不那麼重要。在和平環境中，他們要求的發展和擴張條件很難得到帝國官員的支持配合；在帝國的危機時期，民間工商業通常是一次又一次勸捐勸賑甚至無償剝奪的對象。

歐洲存在著類似戰國時期的暴力—財政實體林立的競爭環境，這雖然導致了市場的割裂和戰爭的損耗，導致了相對中華文明及其帝國盛世的落後，但也降低了暴力賦斂集團爲所欲爲的能力，同時還爲資本抽逃提供了去處。歐洲統治者的額外索取不能超過資本抽逃的費用，超出的部分不得不以權力交換，否則就要破壞自身的財政基礎和政治穩定。相比之下，中國的大一統帝國卻不怕資本飛走，普天之下莫非王土，民間資本根本沒有討價還價不成時退出的空間，只能被帝國按住腦袋萎縮在角落裡。長此以往，當中國的農業型財政基礎被遠方的工商型財政基礎超過之後，生產能力和加害能力全面落後的大一統帝國，早晚要被版圖小得多、暴力和生產力水平卻高得多的新型競爭者打敗。

在歐洲的封建割據環境裡，民間工商業集團可以向相對弱小的暴力賦斂集團購買城市自治權，還可以憑藉自身的財力組織武裝或聘請雇傭軍維護自治權。在英格蘭或以荷蘭省著稱的尼德蘭北部等相對獨立的政治實體中，相對強大的資本力量甚至有機會取得局部突破，建立起一套資本控制暴力的體制，從而爲資本的運行和積累提供更適宜的政治條件，促進更專業更高效的分工體系的演進，形成強大的工業文明。

所謂資本主義制度，就是這樣一個資本控制了暴力和勸說力的制度。資本主義制度有可能在歐洲產生，是由於農業文明時期的歐洲缺乏充分發育的暴力組織和官僚代理制度。那些小型暴力—財政實體在封建制度中星羅棋布，整個歐洲四分五裂，即使最強大的國家，也難以像中國那樣動輒調集百萬大軍捍衛帝國的秩序。同時，歐洲的暴力—財政實體又缺乏與意識形態組織的成功整合，獨立的教會削弱了國王的權威，國王的權威又削弱了教會的勢力。最後，歐洲還缺乏相對隔絕的單一文明和單一民族的地理區域，難以像中國那樣低成本地建立並維持一個綜合適應性極佳的大一統帝國制度。然而，正是由於這些缺陷，由於暴力和勸說控制體系中薄弱環節的存在，歐洲的亂世之失才給它帶來了意外之得。

中國的資本並不缺乏控制政府制訂法令的願望，但是在大一統的帝國制度下，儘管有蘇州和景德鎮那樣的工商業高度發達的城市，資本的利益仍是帝國治下的一個局部的集團利益，其興衰不過是帝國財政中一筆不難替代的數字。這樣一個對帝國財政貢獻有限的、在以農爲本的社會裡專營「末技」的、無力影響天下興亡卻要受天下興亡拖累的局部集團的利益，距離「主義」的地位實在太遙遠了。由此看來，發育完善、控制有力、整合良好、力量強大的帝國制度，又給中國帶來了意外之失。

所謂意外得失，指的是在這樣一個被儒家和天主教輕視的「末技」牟利集團背後，竟然隱藏著一種全新的足以改變世界面貌的強大力量，一種自發地在競爭中分工發育的文明體系。十九世紀中葉，在歐洲千百個主權國的競爭環境中脫穎而出的勝利者，在比春秋戰國更豐富多彩的環境中經過數十代人的試錯淘汰脫穎而出的資本主義制度，在開闢自身發展空間的征途中闖入了清帝國的家門，爲了合法銷售毒品而對稱雄兩千餘年的帝國制度大打出手。清帝國此時正處於傳統王朝循環的尾聲，人口膨脹、流民遍地、財政危機、官場臃腫、軍隊腐敗、管理效率低下，因而一觸即潰。

帝國的戰敗標誌著一個歷史性的轉折：暴力賦斂集團直接控制下的暴力，敵不過福利生產集團控制下的暴力。暴力賦斂集團支配一切的社會形態，在生存競爭中喪失了最拿手的優勢。

二、新思想與士階層

（一）意識形態性的執政集團

分封制之外的士階層形成於春秋，昌盛於戰國，定型於漢唐。就好像經理階層依附資產階級一樣，士階層依附國君。

帝國制度一統天下之後，士階層面對著皇家壟斷的人才需求，他們討價還價的地位大大下降。在諸多競爭性的學說體系中，董仲舒說服漢武帝獨尊儒術，以儒家描繪的秩序爲立國藍本，儒家則把這種秩序中最神聖尊貴的地位授予皇權，獻上臣民的忠誠和儒生的效力。

儒家集團是一個意識形態性的執政黨團，根據對孔孟之道的掌握程度，這個集團被不同級別的選拔和考試劃分爲不同的等級，並授予相應的官職教職和特權地位。作爲意識形態性的執政團體，儒家集團具有雙重性：既是儒家道統的傳承者，又是皇家法統的雇員。

作爲法統的雇員，儒生出身的官員可能眞心信奉儒家道統，更可能把它當作升官發財的手段。作爲道統的傳承者，儒家集團努力控制皇權，爭取帝王的師友地位，甚至暗藏著對堯舜傳賢禪讓制度的幻想。不過在控制皇權的現實競爭中，儒生集團並不比宦官集團、軍人集團或後戚集團成功。儒家集團缺乏歐洲天主教會那樣的嚴密組織，其政治對手也不像歐洲那樣四分五裂，因此難以擺脫對皇權的依附狀態。

（二）解釋變局的努力

鴉片戰爭之後，西方列強打破了帝國的隔絕狀態，中國被拉進了一個廣闊而陌生的政治經濟和文化的競爭環境。這相當於一次災難性的環境突變，帝國制度對新環境的適應發生危機。面對這種新局面，儒家意識形態必須拿出令人信服的解釋和對策。

魏源提出了「師夷長技以制夷」的對策，帝國延續官營工業的傳統，在三、四十年間建立了數十家以軍火工業爲中心的企業，但官營工商業照舊經營不善，甲午戰爭的失敗凸顯了帝國政治制度和意識形態的弊端。康有爲用儒家的概念體系重新解釋帝國的歷史和處境，企圖通過君主立憲的根本性變法趕超歐美。但是戊戌變法的失敗表明，康有爲對國內各大利益集團的看法過於簡單疏闊。

中國思想領域群雄競起，士大夫集團在各地組織了數以百計的學會，在失去了傳統指導的陌生環境中尋找行路指南。三民主義、自由主義、馬克思主義等源於西方的學說紛紛登場，給出各自對歷史和現實的解釋，爭取各自的信徒。三民主義開出了「驅逐韃虜、建立民國」的民族主義和民主主義藥方，將漢民族各階層的不滿集中於滿清帝國的上層統治集團，瓦解了其所剩無幾的威懾力和凝聚力，造成了「王綱解紐」之勢。

滿清帝國很快就倒台了，民國的旗號很容易就掛上了，然而帝國專制制度的小農基礎和官僚代理體制、帝國的種種新舊問題，幾乎原封不動地保留在民國的旗號之下。中國進入了專制帝國崩潰後軍閥混戰逐鹿中原的傳統局面。

中國需要更深刻地理解自身和周圍的世界，需要一個對歷史和現狀的透徹解釋。這時候，俄國十月革命引發了人們對體系龐大、邏輯嚴謹的馬克思列寧主義的關注。

（三）被選中的馬克思列寧主義

馬克思主義的核心部分，是以《資本論》爲代表的對歐洲資本主義來龍去脈的歷史與邏輯的分析性呈現。那是商品經濟的邏輯展開，是剩餘價值的產生發展及其導致的危機與革命的圖景。

中國的弱小資本被軍閥、官僚、地主和農民擠在社會的邊緣地帶，與馬克思重筆描繪的核心圖景相去頗遠。在馬克思關注的歐洲資本主義社會，商品生產的組織者爲自己選擇和雇傭守夜人，資產階級控制了合法暴力，使之服服貼貼地爲自己選擇的秩序服務。但在帝國秩序中，暴力賦斂集團的最高代表甚至宣稱自己擁有天下，本身就成爲各種生產要素名義上的終極所有者。暴力集團確立了最有利於自身的經濟關係和政治體制，篩選並改造了爲這套體系辯護的意識形態。正統馬克思主義對生產力的決定作用的強調，對經濟基礎決定上層建築的論斷，甚至對經濟基礎與上層建築的概念劃分，在解釋帝國兩千餘年的停滯和治亂循環時頗爲勉強。

不過，儘管中國和歐洲存在著巨大差異，馬克思主義宏大銳利的眼光，特別是唯物史觀、階級鬥爭和無產階級專政理論，仍然幫助中國共產黨的創建者找到了一套關於自身使命的邏輯嚴密的說法。中國社會矛盾重重，戰亂不斷，階級鬥爭的學說一定比和平寬容的自由主義更富於解釋力。更重要的是，在馬列主義描繪的世界歷史圖景中，蘊涵了重大的利益分配方案，而這種利益分配，特別能滿足中國社會的各種期待。

中國一直是所知文明環境的中心和頂峰，這種歷史地位的急劇失落，造成了民族心理的巨大張力——恢復傳統地位和民族榮耀的強烈渴望。按照列寧主義理論，在資本主義的世界體系的薄弱的環節，一個落後國家的無產階級可以首先奪取政權，領先進入社會主義社會。這種理論隱藏著一種重排民族座次的分配關係：落後可以轉化爲優勢，中國可以獲得極其重要的世界歷史地位。這正是民族心理張力所期待的地位。

按照馬列主義理論，無產階級將在共產黨的領導下奪取政權，建立無產階級專政的社會主義國家，最終實現共產主義。這種理論隱藏著更富於誘惑力的利益分配方案：首先，一個特殊的意識形態集團，在關於自身的理論中扣留了最崇高的中心位置，他們將掌握國家權力，支配一切，最後還要名垂青史。其次，無產階級和其他勞動階級將擺脫被剝削被壓迫的地位，他們獲得的是整個世界。最後，所有人類成員，最終都會在共產黨人的事業中受益，人類將進入物質極豐富、每個人都能自由發展的理想世界。

上述利益分配方案，潛伏在歷史發展規律的客觀而科學的表述之下。中國的讀書人很熟悉這種路數。儒家的天道中就潛伏著重大的利益分配方案：皇帝至高無上，官僚集團代天子牧民，勞力者交皇糧服勞役。馬列主義在重新解釋世界和歷史的同時也重新進行利益分配，而馬列主義在中國的命運，在很大程度上便取決於利益的分配是否妥當。

三、毛澤東思想

（一）馬列主義與中國革命實踐相結合

正統馬列主義對城市無產階級的歷史作用的強調，使共產黨登上中國政治舞台的最初幾步走得跌跌撞撞。

毛澤東一九二六年在《中國社會各階級的分析》中說：「中國因經濟落後，故現代工業無產階級人數不多。二百萬左右的產業工人中，主要爲鐵路、礦山、海運、紡織、造船五種產業的工人。而其中很大一個數量是在外資產業的奴役下。」

如果更仔細地區分，還應該補充說：其中更大一個數量是在官營產業的奴役下。大量工人在傳統的官營企業裡從事雇傭勞動，中國的官僚代替了歐洲的資本家⑨。中國共產黨在工人運動早期階段，發動礦山和鐵路工人罷工，爭取提高工人的結社權並提高工資，其矛頭所向，主要是官府委任的管理當局，而不是私人資本。中國工人向專制政府爭取權利的鬥爭，先後遭到鎭壓甚至屠殺，工人運動失敗了。

北伐成功後，蔣介石羽翼豐滿，開始強化孫中山模仿蘇聯創建的黨國體制，大批屠殺對自身統治和黨國秩序構成威脅的共產黨人。共產黨人倉促組織和發動的武裝暴動，最初也像俄國那樣以占領中心城市爲目標，結果又遭到了慘重失敗。

中國是一個農業國，二十世紀三十年代，農民占全國總勞動力的百分之七十九⑩，是產業工人數量的一百倍。中國又處於獨裁統治與軍閥割據並存的亂世，武力的強弱決定著政治權力的大小。要在這片土地上打天下坐江山，無論正統理論如何說，現實的力量格局注定共產黨必須繼承兩千年來反覆驗證的成功策略：組織一個武裝集團，打出替天行道的旗號，吃大戶，發動農民戰爭，耗盡對手的力量，最後包圍城市奪取政權。

中國的改朝換代主要倚重農民造反，而馬列主義對農民在革命中的作用評價甚低。馬克思認爲，與工業文明遭遇之際，農民企圖把現代的生產資料和交換手段硬塞到舊的所有制關係的框子裡去。小農的政治影響則表現爲行政權力支配一切。這樣一個階級顯然不能代表未來。

毛澤東是農民的兒子，熟悉中國傳統和現實力量的格局，他用馬列主義的辭彙和邏輯，重新解釋了傳統的農民造反的意義，闡明了共產主義信奉者在中國奪取政權的道路、他們的敵人和盟友、鬥爭各階段的目標和策略。這套體系的核心內容，就是共產黨領導農民搞土改。

馬列主義的階級分析眼光，幫助中國共產黨看清了地主與農民的衝突。毛澤東認爲，國民黨的專制統治是封建地主和官僚資產階級在帝國主義支持下的聯合專政，貧下中農反抗地主剝削的階級鬥爭必定導致與這種上層建築的武裝衝突，結果必定是中國各革命階級的統一戰線在無產階級政黨的領導下，推翻帝國主義、封建主義和官僚資本主義這三座大山，建立一個新民主主義中國，然後過渡到社會主義。

毛澤東勾畫的歷史和社會圖景在凸顯某些事實的同時也遺漏和淡化了某些事實。毛澤東凸顯強調了中國弱小的無產階級及其作用，淡化了這個階級主要雇主的國營或黨營的性質；毛澤東強調了中國共產黨的無產階級性質，淡化了這個組織由愛國知識份子創建又由農民戰士充實的事實；毛澤東強調了歷史上農民與地主的衝突，把這種衝突描繪爲中國歷代的主要矛盾，淡化了農民與官府的矛盾；毛澤東強調了地主階級和官府的共同利益，淡化了他們之間的差別和衝突，把自身利益鮮明的暴力賦斂集團降格爲地主階級的代理人；毛澤東強調農民戰爭是推動歷史前進的根本動力，而中國歷史上的農民戰爭卻再三表現爲改朝換代的工具，呈現爲帝國制度重建儒家秩序的自我調節方式。

上述的凸顯和淡化是可以理解的。共產黨一旦成立，黨派就有了自身的生命和利益，意識形態的建構和發展自然要受到自身生存和發展需要的指引和影響。毛澤東建構意識形態的目的非常明確，就是要團結全黨奪取政權，實現社會改造的理想。他預設了一個神聖正義的目標，圍繞著這個目標挑選事實並展開論證，輝煌的目標吸引了他的視線，也造成了他的盲區。神化了無產階級，就可以合乎邏輯地神化其先鋒隊組織。不肯或不能指出行政權力支配一切並導致社會崩潰的歷史和現實，是因爲共產黨也要依靠行政權力建立社會主義並實現工業化。強調地主與農民的衝突，不僅關係到公平的社會理想和實現工業化的良好條件，更直接關係到共產黨的政治動員能力，關係到軍隊的兵源、士氣和後勤補給。

以暴力方式剝奪地主的土地和財產，這是與政府對抗的武裝集團獨享的擴張策略。歷代造反武裝都可以吃大戶，可以殺富濟貧。地主的財富集中，自衛能力卻微不足道，採取這種後勤和人員補給策略的暴力集團可以高速擴張，直到較富有的社會成員被榨幹吃盡爲止。而且，這個策略是任何合法政府都難以模仿的，造反者卻可以殺雞取卵——壯大自身同時又破壞合法政府的財政基礎。採用這種後勤補給策略還有一項意義重大的好處，就是動員分得地主土地的農民加入共產黨軍隊，爲保衛自己的利益而戰。

帝國或黨國與地主階級的利益並不完全一致。理想的帝國基礎是一盤散沙般的自耕農，而地主階級的重租和大面積占有土地造成了大量流民，影響了社會安定，降低了農村的整體購買力，這對國民黨的專制統治和工業化計畫都是不利的。因此，國民黨也有土改計畫，到台灣後發動的和平土改也取得了成功。

用階級鬥爭理論將暴力方式的土改描繪爲歷史的必然，並將國民黨統治集團與地主階級的利益描繪爲一個統一的整體，這是非常高明的政治鬥爭和軍事鬥爭策略。這種論述在更大程度上反映了共產黨動員農民奪取政權的政治利益，而不是反映事物本身的眞實關係。

綜合而言，毛澤東主張的方針政策，很嚴格地滿足了傳統的打天下策略的要求，同時又用馬列主義的語言和邏輯，爲自身的活動指派了崇高的性質和偉大的歷史意義：這是一八四〇年開始的反帝反封建的資產階級民主革命的延續，是無產階級政黨代替軟弱的資產階級領導的新民主主義革命，是世界無產階級社會主義革命的偉大的一部分⑪。

毛澤東和他的同志們有選擇地將部分馬列主義概念與中國的部分歷史和部分現實結合起來，建構出最有助於共產黨發展壯大的理論，指出了共產黨打天下的道路，指出了工人農民翻身做主人的道路，指出了全社會走向平等富裕純潔的大同世界的道路。

（二）新民主主義

在西方資本主義制度的衝擊下，帝國制度在一次自身壽命循環的末期崩潰了。它企圖找到新的自立框架。廢墟上暴力集團林立的競爭環境，注定這個框架的支柱必定是一個強大的政治軍事組織。廢墟中小農經濟基礎的土壤，又決定了這個制度的基本結構是行政權力支配一切的結構。君臨天下的行政權力企圖把西方資本主義創造出來的生產和交換手段用行政手段硬搬過來，以公有制的名義塞到官營工商業的框子裡去。

上述特徵充分體現在毛澤東設計的新民主主義秩序之中。在政治方面，新民主主義秩序就是共產黨領導一切。在經濟方面，則是將大銀行、大工業、大商業收歸國有，允許民族資本主義在不能操縱國計民生的限度內發展。在農村，則無償沒收地主的土地，將土地平均分配爲農民的私產，同時允許富農經濟的存在。對比帝國制度，在新民主主義制度中，「家天下」被

「黨天下」替換了，儒家官僚被幹部替換了，官營企業也被全民和集體所有制企業替換了，土地兼併被限制在富農水平，其他因素則無實質性變化。

新民主主義秩序注定難以穩定存在，因爲它多變的領導集團與多變的福利生產集團不能構成均勢。領導集團稍微左一點，就是大躍進和文化大革命；稍微右一點，就是歷代帝國和前朝黨國腐敗墮落的老路。民間的經濟力量逐漸增強，又會造成國民黨在台灣遇到的局面，黨國體制不得不面對風起雲湧的民間政治要求。

在跨越新民主主義秩序近三十年後，這種允許資產階級和富農經濟在籠子裡發展的制度設計，又以社會主義初級階段的名義登上了歷史舞台。此時，在實現現代化的道路上，中國共產黨已經領導一個「晚發外生型社會」基本完成了模仿階段的工業化任務，卻沒有建立充滿活力並自發演進的現代化社會。無論是帝國還是黨國的官營經濟和官僚體制，都不能提供這種活力。

(三) 社會主義

執政的中國共產黨是在一個農業帝國的廢墟上起步的。它要利用傳統的行政優勢，集中全社會的資源，完成農業社會向工業社會的轉型。中國共產黨要根據自己的馬列主義信仰，有計畫按比例地搭建出一個工業化的平等社會。

在上述意義上，中國的社會主義試驗，是傳統的集權制度在更加集權的方向上竭盡全力的一躍；是挾立國之威，對西方工業化列強的衝擊的激昂回應；是中華民族在新環境中努力適應並爭取優勢的百年探索的持續；也是共產主義信仰激發的對理想社會的狂熱追求。

在毛澤東時代，全社會的資源配置主要靠國家計畫委員會下達的行政指令進行。政府建立了農產品統購統銷的壟斷體制，在將近三十年的時間內，以低於市價百分之二十左右的價格徵收農產品。同時，國營企業按照政府規定的壟斷價格，把工業品賣給農民。以工農業產品剪刀差的形式，中國農民爲建立國營工業體系做出了份額最大的貢獻⑫。

在國營工商業內部，職工工資長期凍結在低水平上，政府以這種方式提高積累率，將職工個人的住房和養老積累轉變爲建立國營工業體系的資金。

中國的工業化取得了巨大的成就。一九五二年中國工業已恢復到戰前的最高水準，此時工業在國民生產總值的比重不過百分之十九．五二，一九七八年，這個比重上升爲百分之四十九．四⑬，一個門類比較齊全的工業體系粗具輪廓。這是持續了兩千多年的帝國歷史上破天荒的大事件：帝國的小農經濟基礎，被中國共產黨利用小農的經濟力量及其支持的強大行政手段徹底破壞並迅速提升了。高效廉能的共產黨爲這破天荒的一躍提供了關鍵性的組織和精神力量。

但是，由於中國的工業化與市場化脫節，與農村城市化的進程脫節，計畫經濟及其選擇的重工業優先的發展戰略造就了一個嚴重畸形的工業體系。大量投資被浪費掉，建成的工業企業又有濃厚的軍工色彩，且效率極其低下⑭。同時，農民——工業品的最大消費群體——又被吸納勞動力能力較低的重工業優先戰略排斥在工業化進程之外。

國營工商業體系延續了帝國時代的管理弊病。由於職工收入以固定的計時工資形式發放，企業管理官員和工人對福利最大化的追求，就表現爲在不受到行政懲罰的算計下對閒暇最大化的追求。對行政懲罰的躲避則主要表現爲壓低計畫指標的討價還價和謊報計畫完成情況。怠工的後果無需自己承擔，可以轉嫁給全社會。

農村人民公社的所有制結構是三級所有、隊爲基礎，生產隊是基本核算單位。社員偷懶的後果只能由本隊的其他成員承擔。農民無法向生產隊之外轉嫁低效率的平等體制造成的產出損失，又不甘心泡在一起挨餓受窮，便開始了前赴後繼的探索。最初的探索是擁有強勞力的農戶拉牛退社，被壓制後轉變形式，隱蔽爲小包工之類的責任制，再變爲包產到戶，更進一步就是包幹到戶。當這一切都被批判後，剩下的便是集體土地上的怠工和對自留地的熱情，以及平等的貧窮和農產品嚴重短缺。

工農業生產全面的低效率，迫使政府強化非經濟的激勵—威懾體制。在「無產階級專政條件下繼續革命理論」這一後期毛澤東思想的解釋體系裡，農民對自留地的熱情屬於小生產的自發資本主義傾向；多吃多占的農村黨支部書記和國營企業的管理官員屬於官僚主義者階級，後來進一步定義爲黨內資產階級；偷懶怠工屬於私有制時代剝削階級思想的殘餘；解決上述問題的主要辦法是，堅持思想政治領域中階級鬥爭和路線鬥爭。

上述激勵機制和資源配置體制在工業化初期的模仿階段中成效可觀，但在較長時段的國際比較之中，則既不如市場機制那樣有效，又不如市場機制那樣充滿活力和創造性⑮。

（四）無產階級文化大革命

毛澤東建立的體制承受著多方面的內部壓力。一是農民對包含了巨大利益的自耕農制度的追求壓力；二是工人和管理集團對利潤掛帥和物質刺激的興趣；三是領導集團順應上述壓力向傳統的管理方式復歸的壓力，這種復歸是追求較低的管理成本和較高的代理人收益的自然過程，其中也包含了對農業自耕農制度和工業企業利潤掛帥與物質刺激原則的讓步和推崇。毛澤東認爲，領導集團的當權派性質決定了他們是毛式社會主義的最大危險，因爲他們有選擇制度改變道路的權力。作爲對上述圖景及其內在關係的把握，毛澤東創造了「黨內走資本主義道路當權派」的概念。

毛式社會主義也面臨著巨大的外部壓力，一是資本主義世界的競爭壓力，二是蘇聯式社會主義的競爭壓力。毛澤東堅信資本主義是垂死的制度，他更看重來自第一個社會主義國家蘇聯的競爭壓力。這是關係到民族和領袖本人的世界地位和歷史地位的更加直接的競爭。由於蘇聯的官僚集團具有更顯著的「走資本主義道路當權派」特徵，毛澤東又有代替蘇聯爲人類指明前進道路的宏偉抱負，國內反對「走資派」的鬥爭就成了「反帝」、「反修」的世界總圖景的一部分，成了解放全人類的歷史總圖景的一部分。

無產階級文化大革命是解決上述問題的一攬子方案。毛澤東參照帝國治亂循環的被動調節方式，試圖建立一種主動的自我調節機制，在最高當局的控制之下製造小型的治亂循環，每隔七、八年來一次，利用民間「革命群眾」的力量，監督官僚集團沿著毛澤東設計的道路前進。

毛澤東堅信他設計的道路合乎人民群眾的利益，文革就是憑藉革命群眾力量建立毛式社會主義的根本制衡機制的努力。

在這種制衡機制中，毛澤東把勞動人民擺在了至高無上的地位，但是這個人民又要由他根據歷史規律予以定義。人民的根本利益必定也必須與領袖心目中的歷史規律一致，正是這項苛刻條件，成了最激烈的民主與最極端的個人專斷的匯合點。文革的大民主就建立在這個微細的重合點上。

在毛澤東時代，中國體制的確出現了許多偏離設計的失衡，但最嚴重的失衡是由強大自信的最高權力引發的。這是歷代帝國戰功卓著的早期統治者經常造成的問題。

大躍進是由最高領袖發動，由農民承擔主要代價的最嚴重的失衡。剛剛建立起來的人民公社制度，將農民根據自身利益和小集體利益安排生產的權利剝奪了，把他們與未收穫的莊稼的利益聯繫切斷了，人力物力被高度集中的行政權力控制著，調配到原始的大煉鋼鐵試驗中，調配到設計粗劣的興修水利工程中，造成了荒唐而巨大的浪費。吃飯不要錢的共產主義試驗加速了集體糧食儲備的消耗。

大躍進造成國內生產總值的急劇下降。毛澤東被迫放棄了國民經濟發展計畫的高指標，降低了農業領域的集權程度，所有制單位由人民公社退到了生產隊，一度還默許了包產到戶的存在。

無產階級文化大革命造成的失衡，一方面是毛澤東的巨大權力直接侵犯了官僚集團和平民百姓的傳統權利，一方面是毛澤東製造的半無政府狀態引發了對各種社會集團的合法權利的全面侵犯。這兩方面的侵犯造成了巨大的生命和財產損失，卻沒有建立文革發動者試圖創建的治亂循環式的防修反修的制衡機制。恰恰相反，各個社會集團對毛式社會主義的反感隨著各自損失的增加而增加了。

毛澤東的去世削弱了對異己力量的清剿、壓制和勸說能力，舊的權利邊界有了恢復的可能。

四、改革開放

（一）壓力下的開放

當毛澤東緊閉國門試驗一個理想的社會制度之時，人類社會正在各種群體的生存競爭中自發地開闢自己的演進道路。資本主義將人類社會拉入了一個新型的競爭環境，所爭的是如何以更低的成本更充分地滿足人們的需要，這是對人的理解和尊重的競爭，也是降低交易成本和生產成本的競爭。競爭中的優勝者，在世界上擁有遠大於其人口規模和領土面積的影響力，而競爭的失敗者，則日益淪爲無足輕重的邊緣國家。

毛澤東身後的中國，與歷代帝國一樣，孕育著決定命運的三大趨勢。在與國外列強的關係方面，中國的相對實力越來越弱[16]；在人與自然的關係方面，人口過剩的壓力越來越大；在國內關係方面，幹部集團的規模日益膨脹，各個社會集團的權利邊界受到嚴重壓縮，反彈的力量越積越強。鄧小平順應國內外各方面的壓力，開啓了改革開放的洩洪閘。這是帝國—黨國體制調整自我以適應內外環境的又一次努力。

相對人民公社制度，傳統的自耕農制度中蘊藏了巨大的利益。家庭聯產承包責任制是對農民追求這種利益的壓力的讓步，在扣留土地所有權的條件下，農民的生產積極性仍然大幅度提高，政府的行政管理成本不增反降，農產品短缺問題迅速得到解決[17]。

相對計畫經濟和國營工商業制度，傳統的民間市場和私營工商業制度也蘊藏了巨大的利益。政府無力在國營工商業體系內安排城市剩餘勞動力就業，無力吸納農村的剩餘勞動力，無力解決渠道不暢和供應短缺問題，因而積累了越來越大的社會不滿。政府不得不容忍民間商販和城鄉貿易市場，不得不容忍個體戶、私營企業和鄉鎮企業的存在和發展。結果，在政府獲得巨額稅收的好處的同時，數以億計的勞動力在國營工商業體系之外獲得了就業機會，一個在規模、產值和利潤方面全面超越國營的民營工商業體系與市場一起迅速壯大，各類商品由普遍短缺轉爲全面過剩。

相對封閉而言，向世界開放同樣蘊藏了巨大的利益。中國短缺的資金、技術、設備、知識和市場，都可以在開放中獲得至關重要的補充。開放政策一方面將國外產品和企業引進了中國，一方面將中國的企業推向了世界市場。中國經濟在優勝劣汰的競爭環境中，踏上了分工和進化的良性軌道，並且逐步熟悉並接受了世界通行的有利於降低交易成本的規則體系。

在各個社會集團調整權利邊界的同時，帝國時代官吏集團的老症狀也表現得日漸鮮明。一套架空正式規定的潛規則體系逐漸擴張和強化，利用權力從各個方面擠榨的油水，吸引並滋養了一個規模日益擴張的集團。

（二）前所未有的新格局

四項基本原則約束下的改革開放，在推動中國經濟高速發展的同時也造就了一個新格局，一個帝國從未見過的、與歐洲的憲政誕生即資本控制暴力初期近似的政治經濟格局。

這個格局的基本特徵，就是作爲歷代帝國財政基礎的小農經濟退居三線，作爲國家財政基礎的國營工商業正在退居二線，而民營工商業和非國有資本控制之下的市場經濟企業正在成爲國民經濟和稅收財政的主要支柱⑱。

國有企業做出了頑強努力，但是屢戰屢敗。國有企業吃完了財政吃銀行，吃完了銀行吃股民，已經將數以萬億計的銀行存款變成了呆帳壞帳⑲，正在將數以百億計的股民資金變成垃圾股。

與上述趨勢相反，民營資本正在中國社會發揮越來越重要的作用，他們在吸納過剩人口、交納各種稅費、增強國力和推進中國經濟高速發展等方面越來越舉足輕重。而且，民營企業集團與帝國依存了兩千多年的小農大不相同，他們交易頻繁，競爭激烈，交易費用的任何微小變化都會引起他們的敏銳反應，影響他們的競爭能力。他們對生存和發展條件的要求更加苛刻，同時又見多識廣，善於比較。他們有願望也有能力進行權錢交易，像他們的西方前輩那樣爲自己購買適宜的公共產品及其產生機制。如果不能在公開交易中合法地買到，他們就會在私下交易中購買。事實上，局部性的私下交易已經大量存在。

假如公開和私下的交易都不成功，他們可以退出交易，這意味著資本抽逃，其結果便是稅收減少，失業增加，社會動盪。中國人口規模的增長要求每年維持相當高的經濟增長率，勞動市場上的所有新來者，急需就業機會的工人，渴望進城就業的農民，已經成爲投資者的同盟軍。

不能營造一個交易成本較低的制度環境，就要創造一個勞動力或其他生產要素更加便宜的環境。這就意味著降低土地價格，降低對勞動和環境的保護，以全社會甚至子孫後代的利益補償高成本的制度環境，以維持對資本的吸引力，維持經濟增長和政權穩定。

總之，千年帝國安身立命的小農經濟基礎，已經被中國共產黨領導下的工業化成就破壞了；千年帝國生存的閉塞環境，已經被西方文明帶來的競爭破壞了；帝國體制解決自身利益分配失衡和人口問題的希望，已經被數十次徒勞的王朝循環破壞了。面對這些無法挽回的破壞，即使純粹出於自身利益，舊體制合乎邏輯的最佳選擇也是自我改革，爲福利生產集團創造一個可控制因而可靠可信的、低成本的、高效的政治法律環境，挽救社會母體於危難之中。不過，這個選擇恰恰意味著千年帝國的自我終結。在這個意義上，黨國是帝國的最高階段，黨國是帝國的掘墓人。

注釋

❶這項條件可以如此表達：掠奪（防禦）收益減掠奪（防禦）成本大於生產收益減生產成本。顯然，初次掠奪需要鎮壓反抗，需要建立掠奪體制，一次性成本會比較高。此後只要支付維持威懾力和掠奪體制的成本就可以了。暴力與生產的專業化分工在社會性昆蟲那裡已經出現，譬如兵蟻。在蜜源緊張（蜂蜜生產成本上升）的時候，蜜蜂的「盜性」也會隨之上升。盜蜜行爲可以導致蜂群之間的戰爭，導致蜜蜂的大批死亡和逃亡。

❷在文明史早期，暴力賦斂集團的核心通常是一個有血緣關係的共同體。在帝國時期，暴力賦斂集團主要由皇室、貴族、軍官和官吏集團構成，他們憑藉超經濟的權力分配並占有資源。而福利生產集團，主要由農民、手工業者、商人、土地和資本等生產要素的擁有者構成。生產要素的擁有者與暴力賦斂集團在成員上有部分重合。此外，在提供安全秩序等公共產品方面，暴力賦斂集團也有生產性的作用。

❸《詩經．齊風．甫田》：「無田甫田，維莠驕驕。無思遠人，勞心忉忉。無田甫田，維莠桀桀。無思遠人，勞心怛怛。」甫田即大田（毛亨、朱熹），大田爲貴族所有（程俊英《詩經譯注》，上海古籍出版社，一九八五；華鋒等《詩經詮譯》，大象出版社，一九九七）。相當於井田制中的公田。《詩經．小雅．甫田》中對甫田上的勞動場面和勞動關係的描繪也支持這種解釋。

❹準確的用語應該是「封建」制。兩千多年來，「封建」二字在漢語中一直指稱西周創建的那種制度，即柳宗元在〈封建論〉中描述的那種制度。這種制度與八世紀首先出現於法蘭克王國，隨後在歐洲流行數百年的那種制度頗爲近似。不過，封建二字近五十年來在中國共產黨創造的話語體系中獲得了額外的涵義，指稱了另外的東西。爲了避免混亂，我在這裡暫且用分封二字代替。

❺遊牧民族的侵掠行爲是應付災害的生存策略之一。《史記．匈奴列傳》云：「其俗，寬則隨畜，因射獵禽獸爲生業；急則人習戰攻以侵伐，其天性也。」因此，來自草原地帶的暴力掠奪威脅，構成了帝

國外部環境的一個固定存在。

❻建立帝國制度是對中國社會一次重組，重組後的社會只需要同樣甚至更少的生命和財產的投入，就可以獲得優於春秋戰國時期的安全和秩序。這既是司馬遷筆下士庶的共同信念，也是後代帝國臣民的普遍感覺，故有「寧爲太平犬，莫作亂離人」之說。在這個意義上，帝國制度是費用更加節省的制度，因此本文反覆強調其高效率的特徵。找到並且建立這樣一種費用更加節省的制度，成功地實現這樣的社會重組，不能不稱之爲偉大的文明成就。

❼均衡是指博弈論（或作爲其特殊形態的微觀經濟學的均衡理論）所描繪的一種狀態：在相互作用的關係中，每一方都同時達到了約束條件下可能實現的利益最大化的目標，因而這種狀態可以長期持續存在。

❽在理論上，官吏集團對代理人利益的追求將在邊際收益等於邊際成本的那一點止步。如果邊際成本由上級監督和民眾反抗共同構成，那麼，在官吏平均分攤到的監督力度逐步下降的現實趨勢中，眞正能夠阻止官吏集團侵犯腳步的，只有民眾的反抗。由於個別性反抗的勝算極低，迫使侵犯止步的那一點只能是大規模造反，而這一點恰恰是社會秩序的崩潰點。這是民眾權利不敵官吏權力的專制制度的衰亡常規。

❾國營資本在工業中所占的比重在各個時期有很大不同。一九四六年上半年，國民黨政府接收敵僞產業之後，國營資本在工礦業中所占的比重超過百分之八十（沈春雷：《中國戰時經濟志》，第十六頁，台灣文海出版社，一九八六年版）。

❿劉大中、葉孔嘉：《中國大陸的經濟：國民收入和經濟發展》，第一四〇頁。普林斯頓大學出版社，一九六五年版。

⓫毛澤東：《新民主主義論》。

⓬據計算，在近三十年的時間內，通過上述方式從農民身上獲取的積累達六千五百億至八千億人民幣，大約相當於同期中國投資總額的百分之七十二（參見嚴瑞珍等：《中國工農業產品價格剪刀差的現

狀、發展趨勢及對策》，《經濟研究》一九九〇年第二期，第六十四～七十頁）。

⑬參見國家統計局《中國統計年鑑（一九九二）》，中國統計出版社，第三十五頁。

⑭以單位國內生產總值能源消耗的國際比較爲例：一九八〇年，每生產一美元的產值，中國耗煤二．九〇千克，印度爲一．七七，韓國爲一．一二，巴西爲〇．八八，日本爲〇．五一，法國爲〇．四五，美國爲一．〇五，英國爲〇．五七，德國爲〇．四九（資料來源：The World Bank, China: Economic Structure in International Perspective，轉引自林毅夫等：《中國的奇跡：發展戰略與經濟改革》，上海三聯書店，上海人民出版社，一九九四年第一版，第七十六頁）。

⑮按照台灣學者鄭竹園的估算，大陸體制所導致的損失和浪費，從一九四九年到一九七八年三十年間，總數高達一萬二千億美元。如果能夠避免這種損失，中國的國民收入實際水平可以提高三倍，在一九七八年以前便跨入小康（《台灣海峽兩岸的經濟發展》，第一一〇～一二六頁。台灣聯經出版公司，一九八五年版）。

⑯以日本爲例：一九六〇年，中國的國內生產總值與日本相近，一九八〇年卻只及日本的四分之一。參見謝百三：《當代中國的若干經濟政策及其理論》（一九九一年增訂本），中國人民大學出版社，一九九二年，第十三頁。

⑰一九八五年，大包幹確立之後，中國農村總產值比大包幹前的一九七八年增長了將近三倍。農民人均收入，一九七八年爲一九一．三三元，一九八五年爲三九七元，增長了二．〇七倍（參見《中國統計年鑑》，一九八一年，一九八六年）。

據林毅夫計算，以生產隊體制向家庭農作制度改變爲代表的農村制度改革，對一九七八年至一九八四年農作物產值增長的貢獻約爲百分之四六．八九（參見《制度、技術與中國農業發展》，第九十五頁，上海三聯書店、上海人民出版社，一九九四年新一版）。

⑱據二〇〇〇年十月二十五日《中國經濟時報》報導：國際金融公司首次發表的關於中國私營部門的調查報告認爲，整個非國有部門對中國國內生產總值的貢獻率可達約百分之六十二。國際金融公司日前

發表其首份有關中國私營企業的主要國際性調查報告，根據這個報告，中國的私營部門在過去二十年中呈指數增長，其目前對中國經濟的貢獻率與國有部門幾乎持平。目前，私營企業占國內生產總值的百分之三十三，如果包括私人擁有的農業企業，這一比例就會達到百分之五十一，再加上集體所有制企業的貢獻，整個非國有部門對中國國內生產總值的貢獻率可達約百分之六十二。由澳大利亞政府國際發展署資助國際金融公司開展的這項研究發現，中國的私營部門在發展中克服了許多困難，自一九八〇年以來，其產值以平均每年百分之七十一的速度增長，非公部門的就業率平均每年增長百分之四十一。

⑲「據有關材料估計，目前銀行貸款中有百分之二十難以回收本與息，有百分之三十左右只能收息而很難收本。這兩項加起來，以達到貸款總額的百分之五十左右。」（引自遲福林主編《世紀之交：中國經濟改革》，第三十頁，外文出版社，一九九九年第一版）另據中國人民大學經濟研究所編著的《中國經濟改革發展報告（一九九九）》：「據包括權威雜誌《經濟研究》在內的國內媒體透露，截止到一九九七年，國有商業銀行不良債權在貸款中所占的比率爲百分之二十左右。」（中國財政經濟出版社，一九九九年八月第一版）。

The Eurasian Publishing Group
圓神出版事業機構
用心與你對話・視野無限寬廣
究竟出版社
Athena Press

http://www.booklife.com.tw inquiries@mail.eurasian.com.tw

歷史 057

潛規則——中國歷史上的進退遊戲（最新版）

作　　者／吳思
發 行 人／簡志忠
出 版 者／究竟出版社股份有限公司
地　　址／台北市南京東路四段50號6樓之1
電　　話／（02）2579-6600・2579-8800・2570-3939
傳　　真／（02）2579-0338・2577-3220・2570-3636
郵撥帳號／19423061　究竟出版社股份有限公司
總 編 輯／陳秋月
資深主編／李美綾
責任編輯／李美綾
美術編輯／劉鳳剛
行銷企畫／吳幸芳
印務統籌／林永潔
監　　印／高榮祥
排　　版／陳采淇
經 銷 商／叩應有限公司
法律顧問／圓神出版事業機構法律顧問　蕭雄淋律師
印　　刷／祥峰印刷廠
2002年9月　初版
2009年10月　增訂一版

本書繁體中文版由吳思授權究竟出版社獨家發行出版。

定價 270 元　　ISBN 978-986-137-116-0

我估計每個中國人心裡都明白，明文規定的背後往往隱藏著一套不明說的規矩。不明白這一點就難免要吃虧。等到釘子碰多了，感覺到潛規則的存在了，尊重這套不明說的規矩了，人就算懂事了、成熟了、世故了。

——吳思，《潛規則》

國家圖書館出版品預行編目資料

潛規則：中國歷史上的進退遊戲（最新版）／吳思 著
-- 增訂一版. -- 臺北市： 究竟，2009.10
264面 ；14.8×20.8公分. --（歷史；57）

ISBN：978-986-137-116-0（平裝）

1. 中國史

610.4　　98014660

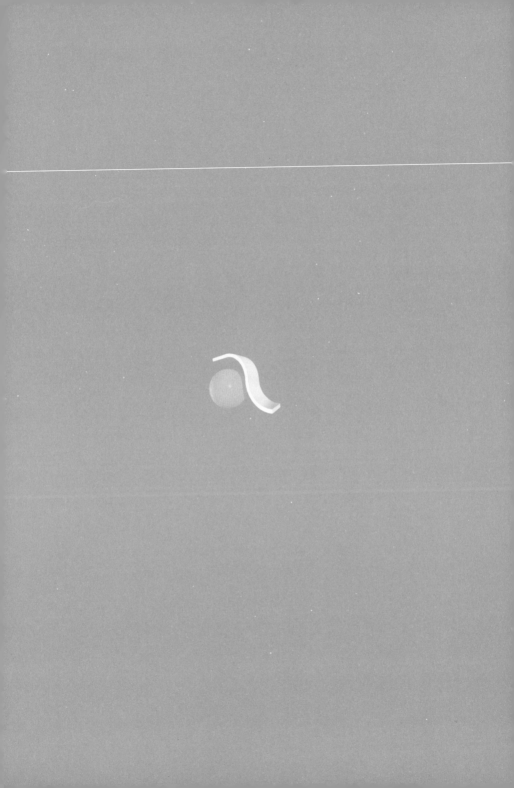